経営者のための『戦略人事』入門

「業績をつくる」人事へアップデートする

タナベ経営チーフコンサルタント
古田勝久 著

ダイヤモンド社

はじめに

❖新型コロナウイルスの感染拡大による環境変化

この書籍を執筆しているさなか、新型コロナウイルスの感染が拡大し、経済の急速な減退をもたらし、私たちの働き方を大きく変化させた。

この影響により、二〇二〇年四〜六月期実質GDPは前期比年率換算で戦後最悪の二九・三パーセント減となった。同年七〜九月期では二二・七パーセント増（改定値）と大幅なプラス成長となったものの、当面は厳しい経済状況が続くと予想されている。

コロナ禍前までは、労働力人口の減少や働き方改革の推進に伴う残業時間の短縮などにより人手不足が問題となっていたが、コロナ禍となり状況が一変した。有効求人倍率は一・一倍を切るほどの低水準に落ち込んだ。求人倍率の急激な低下により、一転して〝人余り〟へと変わってしまった。人余りのなかで、日本の民間企業においては、米国のようにコロナ禍で余剰となってしまった人員を解雇せず、「一時帰休」という形をとった。つまり、日本においては失業者数にカウントされない「潜在失業者」（会社に在籍しているが仕事がない状態の人員）の増加も課題となっている。今後コロナ禍が長引き、テレワーク、リモートワークなど新たな働き方が広まると、さらに仕事のない社員が増加することが予想されている。

働き方も大きく変化した。コロナ禍前は、働き方改革関連法の施行に伴い、企業においては在宅勤務（テレワーク）や時差出勤など「多様な人材活用と多様な働き方」の実現に向け、徐々に動き始めていた。しかし突然、外出自粛となり、働き方改革に二の足を踏んでいた企業も、半ば強制的にテレワーク導入などの働き方の変革を行わなければならなくなった。この突然の大きな改革により、次の三つのことが見えてきている。

第一に、ＩＴリテラシー不足が大きな課題となることだ。個人としても、組織としても今後、ＩＴ力がないと仕事がまったくできないという事態になる可能性が出てきた。

第二に、これまでは同じ場所にいるメンバーと分業して仕事をするのが当たり前だったが、これからは「部・課で仕事をする」という前提が崩れ、その時々で「できる利害関係者」が集まり、即席のチームで仕事をすることが、テレワークの広まりとともに一般化していくと考えられる。したがって、トップや上級管理職が現場社員に直接指示を出す、つまり中間管理職を介さない業務指示が一般化していくであろう。テレワークが定着化すると、具体的な「成果」をシビアに問われることも予想される。人材育成に関していえば、新入社員の入社時期と重なってしまったコロナ禍では対面の研修が行えず、かといって在宅勤務のなか、配属先の現場でＯＪＴを実施するわけにもいかないなど、これまでの育成のあり方が大きく崩れた。

このような状況のなか、今いる人材を活躍できる「人財」に変えることで、コロナショックによる損失拡大を未然に防ぐことが求められているのではないだろうか。

第三に、ニューノーマル（新常態）を前提とした「守り」から「攻め」への転換である。今、私たちを取り巻く外部環境は、新型コロナウイルスの影響によって、消費者の価値観の変化など事業環境も大きく変化し、経営者は「ニューノーマル」に適応した新しい事業戦略をスピーディーに再構築しなければならない状況になっている。さらに、組織についても、「とにかく対面接触を減らす」という急場しのぎ・強制的なリスクヘッジ（守り）ではなく、「ニューノーマルに適応した新しい持続可能な事業戦略」の達成をサポートする「攻め」の人事・組織を構築することが必要になっている。

タナベ経営では常々、企業は環境適応業であると提唱しているが、このような環境変化のなかでも、経営の大前提である「利益を上げる、業績をつくる」ための事業を行い、それを支える組織へと変革していくことが、まさに今求められているといえる。

❖業績に貢献する人事へのアップデート

ポストコロナにおける人事のあり方としては、人事部門が「業績をつくる」という意識を持って、戦略的な人事（戦略人事）へとアップデートし、「自社が生き残る組織や人をつくる」というミッションを果たすことが必要だ。

事業における他社との差別化や、競争優位性を発揮するための人事施策を行う人事機能を「戦略人事」と呼ぶ。従来の人事（機能）といえば、労務管理や給与計算業務など、管理・オペレーション業務を思い浮かべる経営者も多いかもしれない。もしくは、「人事＝制度」というイメージで、仕組みやプロセスの運用などの人事に関する社内インフラを思い浮かべる経営者もいるだろう。もちろん、これらの「ルーチン人事」や「インフラ人事」も人事の機能である。しかし、このコロナ禍で必要な人事機能は、消費者・働き方の価値観の変化のなかで、新しい事業戦略を達成するための「戦略的な人事（戦略人事）」機能だ。「ルーチン人事」や「インフラ人事」、「戦略人事」という三つの機能は相互排他的なものではなく、程度の差はあれ、ルーチン人事とインフラ人事の機能はどの会社であっても存在するものであり、きちんと運用されていなければならない。

例えば、平常時であっても、「給与の支給日を間違えて、遅配してしまった」などということがあれば、経営者も従業員も人事部門のことを信用してくれないからである。

しかし一方で、経営者や人事責任者が「正しい処理、運用」ばかりに気を取られていると、「事業戦略を達成するための人事」を考える時間がなくなり、結果的に、事業戦略と人事を切り離して考える経営者や人事責任者が増えてしまう。そうなると、ニューノーマルに対応した事業戦略が構築できても、それを支える人事・組織が実現できない。結果として、事業と組織がちぐはぐになり、持続的な成長を阻害する要因となってしまうのである。

ポストコロナでの事業戦略では、全社一丸となってデジタルトランスフォーメーション（ＤＸ）の推進やＩＴ力の向上は不可欠。ＤＸは特別なスキルを持った一部の人材だけで進めるのではない。ＤＸを進めるために、全社員へＩＴ知識を与えたり、既存業務を見直しＤＸを推進する人材を育成したり、ＡＩ（人工知能）に精通したスペシャリストなどを積極的に採用したりすることが人事の機能となる。

営業手法も対面接触型から、Ｗｅｂなどを活用したデジタルシフトが求められる。

Ｗｅｂだけでなく、ＳＮＳやメール、セミナー、イベントなど、営業担当者でなくともできる営業活動は数多くある。これらの「社内においてクロージング以外のすべての営業活動を行う」のがインサイドセールスだ。インサイドセールスであれば、人員を増やすことなく営業活動を強化できる。そのための組織づくり、人材育成も、攻めの人事として取り組まなければならないことの一つである。

そして、チーム力の最大化、つまり、個の力を最大限に引き出すためには、フラット型の組織を構築していくことも有効だ。先行き不透明で、目まぐるしい激動の時代を乗り越えるためには、「スピードアップと集中」が重要になる。しかし、従来のピラミッド型組織で、いちいち各階層で確認・決裁をとりながら仕事をしていてはとうてい仕事のスピードは出ない。メンバー全員が自律的に考え動く、全員がリーダーシップを発揮する組織づくりが攻めの人事である。

❖経営のパートナーとしての人事

人事部門が従来の制度の運用やオペレーション人事だけを行うのではなく、経営のパートナーとして先頭に立ち、「生き残り策」を検討しなければならない。人事部門が行うべき攻めの人事施策こそが、今後の事業競争力になってくる。重ねて強調するが、企業は環境適応業だ。ポストコロナに限らず、先行き不透明ななかで、環境変化に適応するための組織変革を起こすうえで、戦略人事がキーワードになってくることは間違いない。

今こそ経営・人事がリーダーシップを発揮し、「戦略人事」を実現するときなのである。

二〇二一年二月

タナベ経営　経営コンサルティング本部　古田勝久

経営者のための『戦略人事』入門◉目次

CONTENTS

第3章

育成——教え方・育て方を変える…099

CONTENTS

第4章 評価・処遇——何を評価すべきなのか…129

第5章

戦略的な組織づくり …181

おわりに …207

第1章

「戦略人事」とは何か

コロナショックが〝人事〟を変えた

二〇二〇年四月七日から五月二五日まで、新型コロナウイルスの感染拡大を受け、日本で緊急事態宣言が発出（二〇二一年一月に再発出）された。それを機に多くの企業では、テレワーク（在宅勤務）、自宅待機・一時帰休、シフト勤務など、「とにかく対面接触を減らす」というリスクヘッジ（守り）のための人事施策が多く見られた。

ニッセイ基礎研究所（東京都千代田区）が企業約五〇〇〇社に行ったアンケート調査によると、新型コロナウイルス感染拡大防止のために、何らかの人事・労務管理対策を実施していると回答した企業の割合が、全体の八割を超えた（八三・二パーセント）。実施内容を見ると（複数回答）、「感染病拡大防止に対する対策や教育の実施および情報の提供」が過半数（五一・一パーセント）と最も高く、「オンライン会議ソフト等による遠隔会議の実施、出張の制限・禁止」（三八・四パーセント）、「テレワークの実施や普及のための社内ＩＴインフラ等の基盤整備」（二六・九パーセント）などが続いた（図表1-1）。

図表1-1◉新型コロナウイルスの感染拡大防止のために実施している人事・労務管理対策

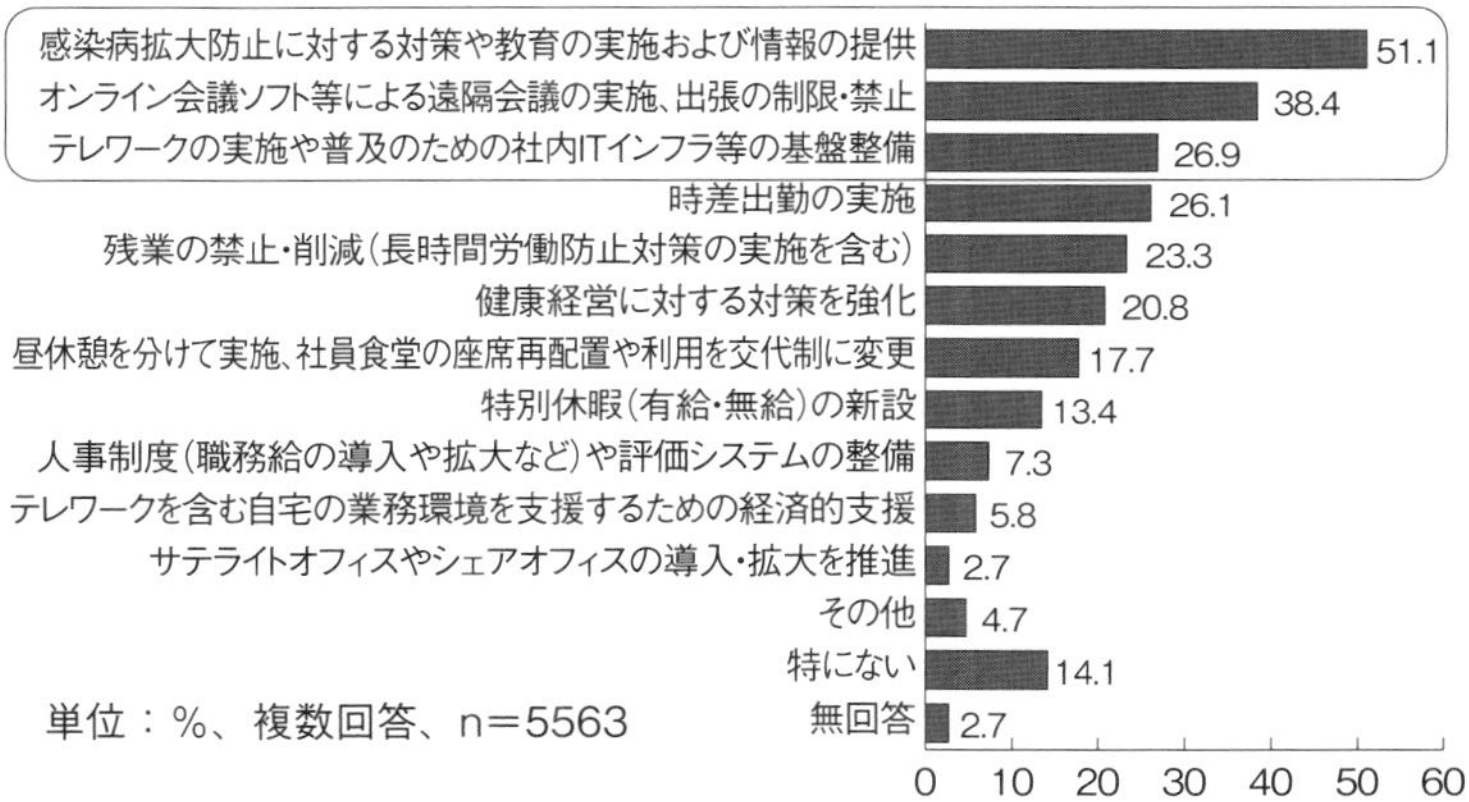

出所：ニッセイ基礎研究所「ニッセイ景況アンケート調査結果ー2020年度調査」（2020年12月8日）

宣言期間中は、自社の出勤率を何パーセントまで下げたかが各社の間で話題になることも多かった。一回目の宣言解除後の日常も、コロナ禍前に戻ることはなかった。徐々に出社の制限は解除されていったが、アルコール消毒、マスクの着用と検温など、従業員の生命を守ることを第一とし、商談や会議は対面型からＷｅｂ会議システムへと変わった。また、テレワークの是非が社内で検討され、今後も継続していくと判断した企業も少なくなかった。このように新型コロナウイルスの感染拡大は、これまでの働き方を根底から覆し、新しい生活様式（ニューノーマル）をもたらした。企業はこれらに対応しながら持続的な成長を目指すこととなった。

つまり、急激な環境変化のなかで、働き方そのものが企業の業績や存続を左右するようになり、これまで管理・オペレーション機能の一つとして見られていた人事部門が、新しい時代における企業の持続的成長を実現する戦略的機能としての役割を求められるようになった。「とにかく対面接触を減らす」というリスクヘッジ（守り）の人事から、持続的成長の実現を戦略的にサポートする「攻めの人事」への転換である。

従来の日本型組織の破綻

「人事（機能）」といえば、労務管理・給与計算業務などの管理・オペレーション業務（ルーチン業務）、人事制度などの仕組み（社内インフラ）の設計・運用を指すことが多い。なぜなら、これまでの日本型組織においては、それでよかったからだ。このことを理解するためには、日本型組織の特徴を知っておく必要がある。

これまでの日本企業の多くは「同質的」な組織であり、改良・改善を前提とした「連続的」なモデルであった。なぜならば、戦後の経済復興から高度経済成長期にかけて、当時の日本はローコスト（低賃金）、オペレーション力（現場力）を競争力の源泉とし

図表1-2◉日本の実質GDP成長率推移

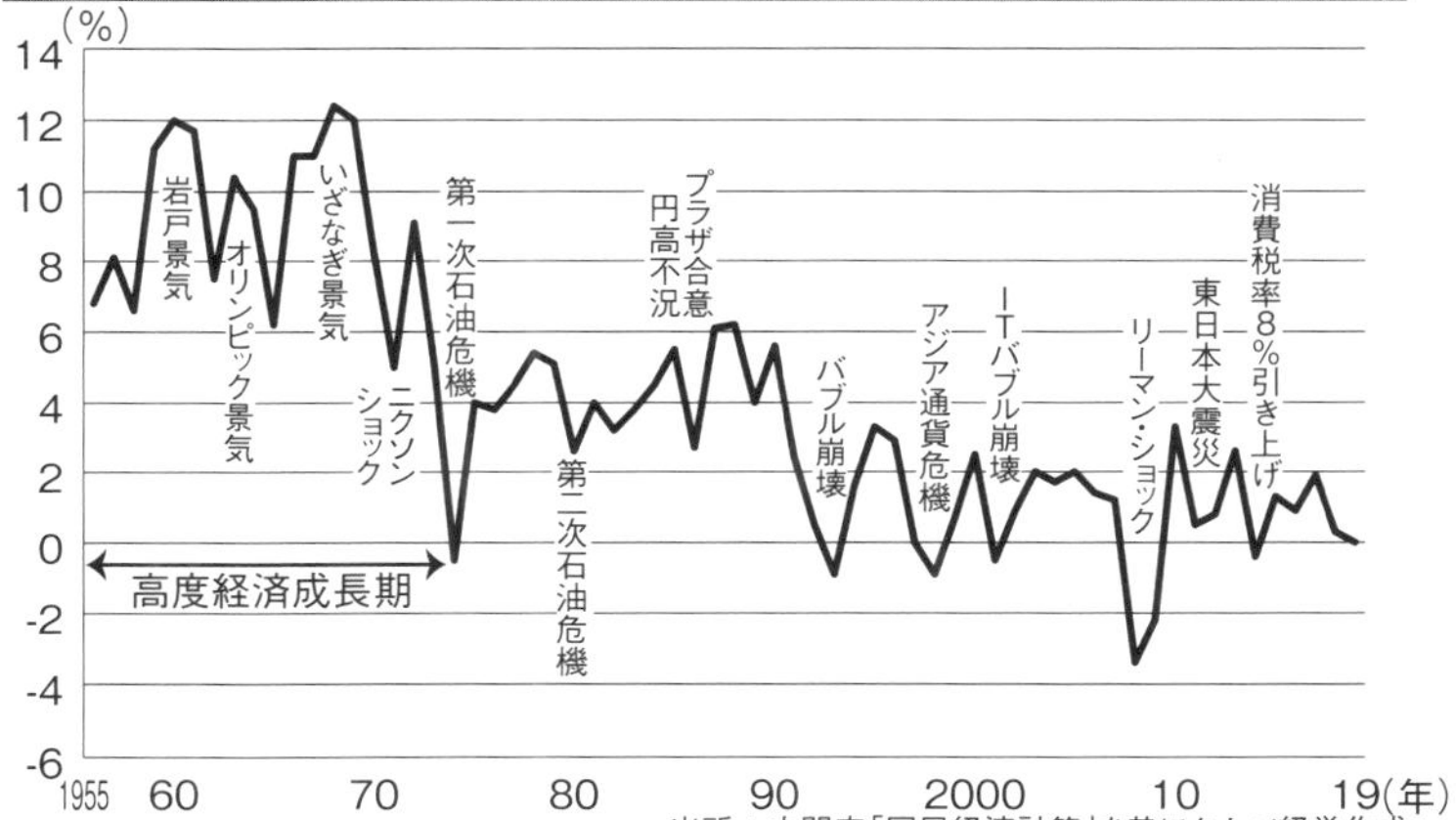

出所：内閣府「国民経済計算」を基にタナベ経営作成

て、品質改善の努力をしながら、世界に誇る「メイド・イン・ジャパン」というブランドにまで成長してきたからである。

高度経済成長期（図表1－2）の日本を支えた大量生産型産業における最大の強みは、「世界でも卓越したオペレーション」であり、それを可能にする連続的な改良・改善への挑戦であった。そのため、人事領域においては製造業の現場で働く人材の労務管理（工場労務）が機能として強化されていった。

そして、採用についてもオペレーションを回せる人材を一律的に採用し、さらなる同質化が進むなかで、職場環境・待遇改善の声を上げる労働組合が結成されるようになる。第一次石油危機（第一次オイルショック）による景気後退で高度経済成長にピリ

図表1-3◉労働争議総件数と主要企業春季賃上げ率の推移

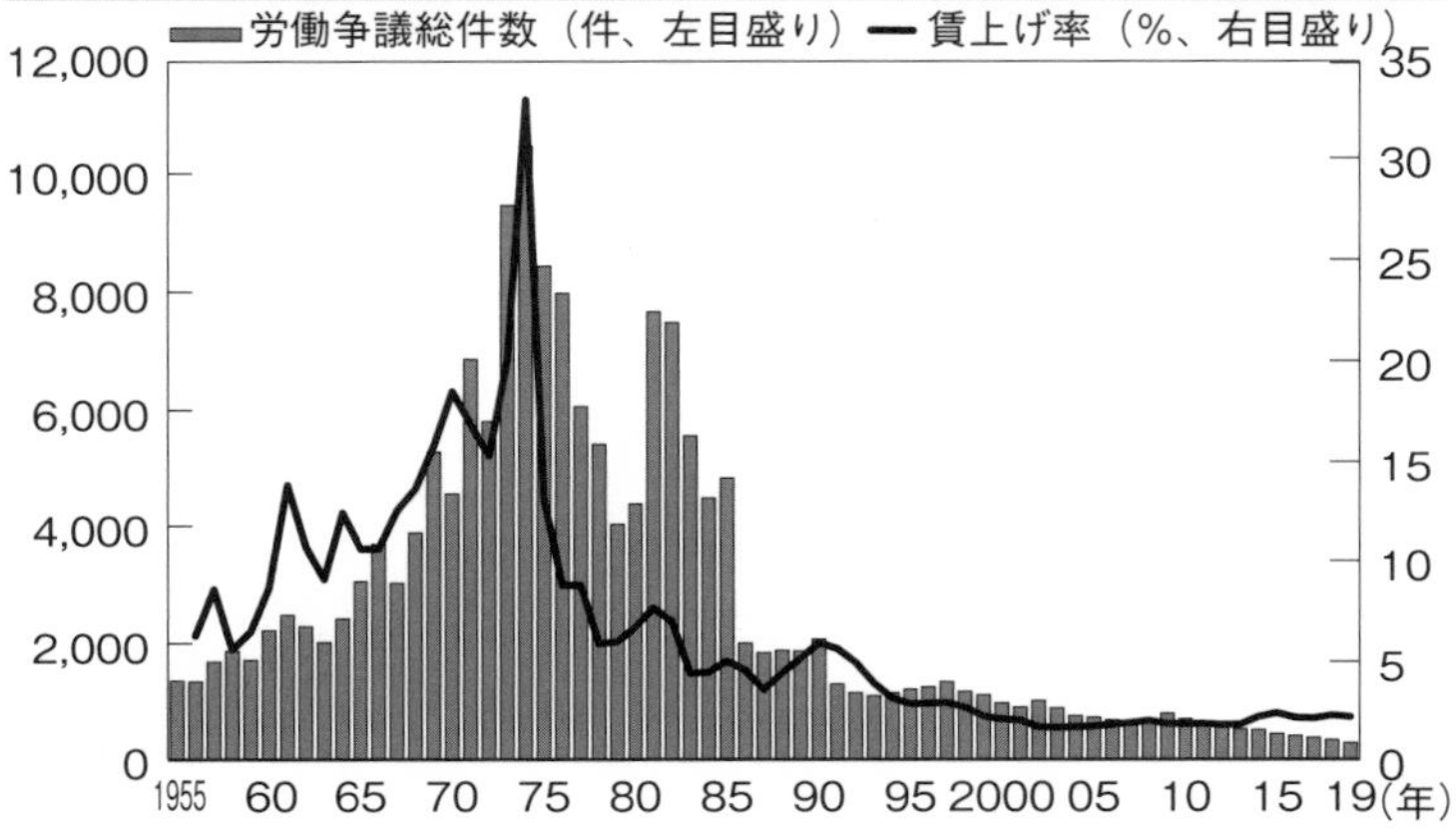

出所：厚生労働省「労働争議統計調査」、同「民間主要企業春季賃上げ要求・妥結状況」

オドが打たれると、多数の企業が人員削減に踏み切ったため労働争議が急増。第一次オイルショックでの「狂乱物価」（石油高騰に端を発した急激な物価上昇）に伴って春闘の賃上げ率が跳ね上がった（**図表1-3**）。そこで企業側は大幅な賃上げの抑制を図るため、生計費をベースとした賃金制度の見直しを進めた。従業員が職務を遂行する能力を判定し、レベルに応じて等級を定める制度である「職能資格制度」を導入していった。

その〝能力〟とはすべての職務に関連する能力であり、特定の職務に関するものではない。そのため、「職務」ではなく、会社への帰属を重視する「メンバーシップ」型の雇用制度の色が濃くなっている点が特徴である。また、職能資格制度と連動した賃金・評価制度を設計・運用することで、人材を管理するようになった。

一方、一九九〇年代以降、世界経済はグローバル化が急激に加速していく。中国や韓国、台湾などの新興国・地域が、日本の大量生産型産業を経済基盤として台頭してくるのである。当時の日本の経済と比較すれば、まだ自国の企業ブランドで世界に勝負を挑むほどの基盤はなく、労働力人口も限られていたため、日本の大企業の下請けとしての役割が大きかった。

しかし、中国においては、国土、人口ともに日本と比較にならないほどの規模を有しており、アジア、世界の工場として急激に日本を追い越す成長を遂げていった。戦後、特に人件費について世界に対し相対的にローコストを維持して成長してきた日本にとって代わり始めたのである。その後も、若くて豊富な労働力人口を抱える東南アジア諸国やインドなどが、中国に続いて急激な成長を果たしている。

さらに、二〇〇〇年代に入ってからは、デジタル技術の発展がビジネスのルールを変え、新たなプレーヤーを生み出すこととなる。インターネットや携帯電話の普及など「情報化」が急速に進むと、世界の距離は一気に縮まり、世界規模で非連続な変化が起き始める。それまでの日本企業の得意分野であった通信・IT機器などの領域に

図表1-4◉先進主要7カ国(G7)の名目GDP伸長率推移

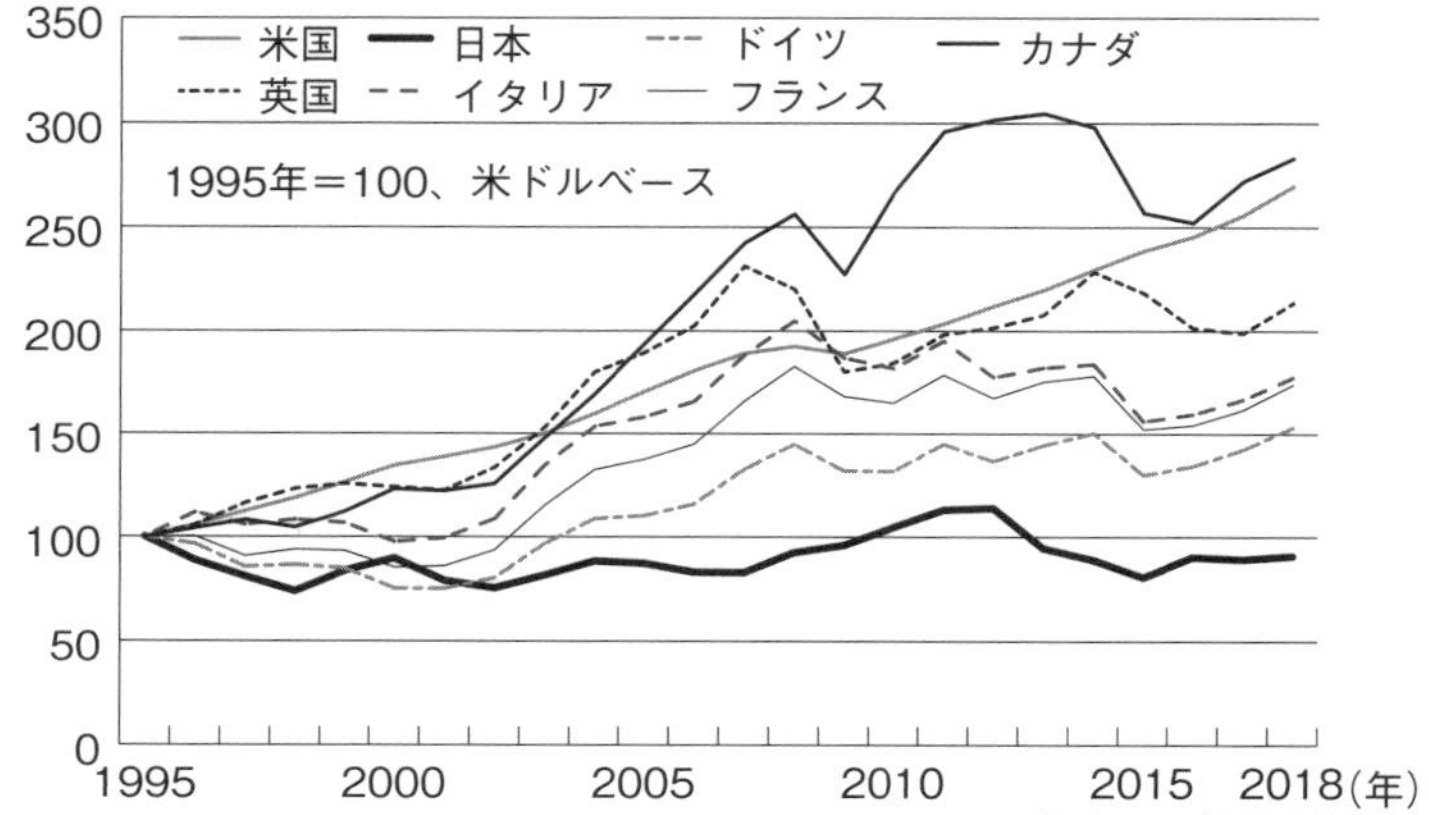

出所：IMF(国際通貨基金)

おいても、改良・改善型の連続的な成長から、破壊的なイノベーションの時代に入っていった。その象徴が、GAFA《ガーファ》(グーグル、アマゾン、フェイスブック、アップル)である。

その後、中国からもBAT《バット》(バイドゥ、アリババ、テンセント)など、デジタル技術による破壊的イノベーションを起こす競争相手が台頭してきた。こうした新たな競争相手の台頭により、新しいルールのもとでの戦いが求められ、ビジネスモデルそのものの転換に、スピード感を持って臨まなければならなくなった。

図表1-4は、先進主要七カ国の名目GDP(国内総生産、米ドルベース)の推移をプロットしたものである。一九九五

年を一〇〇とすると、二〇一八年時点で各国とも一五三〜二八三に拡大しているが、日本だけが「九二」と水面下である。この二〇年超で一〇〇を上回ったのは、二〇一〇〜一二年のわずか三年間のみ。ほとんど成長しておらず、むしろ縮小しているのだ。現状のまま推移すると、日本経済は間違いなく「失われた三〇年」に突入する。

日本にとって、「失われた三〇年」ともいえるこの期間は、グローバル化とデジタル技術の進歩により、世界規模で破壊的なイノベーション(デジタル・ディスラプション)が起きた時代でもある。そして、事業のライフサイクルも短くなり、事業ポートフォリオを急速に組み替えながら戦略的に戦っていかなければ、企業の存続ができない環境になったのである。そのため従来の「同質的」で「連続的」な組織モデルで成長してきた日本企業は、このような急激な方向転換に対応しきれず行き詰まってしまった。これが来るべき「失われた三〇年」の本質だと思う。

いずれにせよ日本企業の多くが、高度経済成長を支えた「労務管理」や「職能資格型の人事制度の設計・運用」だけを今でも〝人事〟そのものだと考えている理由はここにある。

日本型組織の終焉とイノベーション

高度経済成長期の日本においては、急速な工業化に伴って若年層を中心に深刻な労働力不足に陥った。そのため企業は一九五五年ごろから七〇年代にかけて、安価で大量の労働力を有していた地方において積極的に人材募集を行い、農村部の中高校生が大都市圏へ集団就職するようになった（ちなみに集団就職の始まりは一九五五年に新潟県上越地方から一五人の中卒者採用を受け入れた東京・世田谷区の桜新町商店街とされる）。新規高卒者の求人倍率は一九六二年に二倍を超え（二・二五倍）、一九七〇年には五・一〇倍にも達した（**図表1-5**）。求人数もピーク時の七一年には二五〇万人となり、六二年（九六・二万人）の約二・六倍に急増した。

企業にとって大量の若手人材をまとめて採用できるチャンスは、学生が学校を卒業するタイミングしかない。こうした海外では見られない「新卒一括採用」に各企業が力を入れるのも当然であった。採用された人材も、入社後は一生涯そこにいる仲間とともに働き続け、人生の約半分を占める四〇年近い年月を過ごしていく。会社こそが

図表1-5◉高校新卒者の求人倍率推移

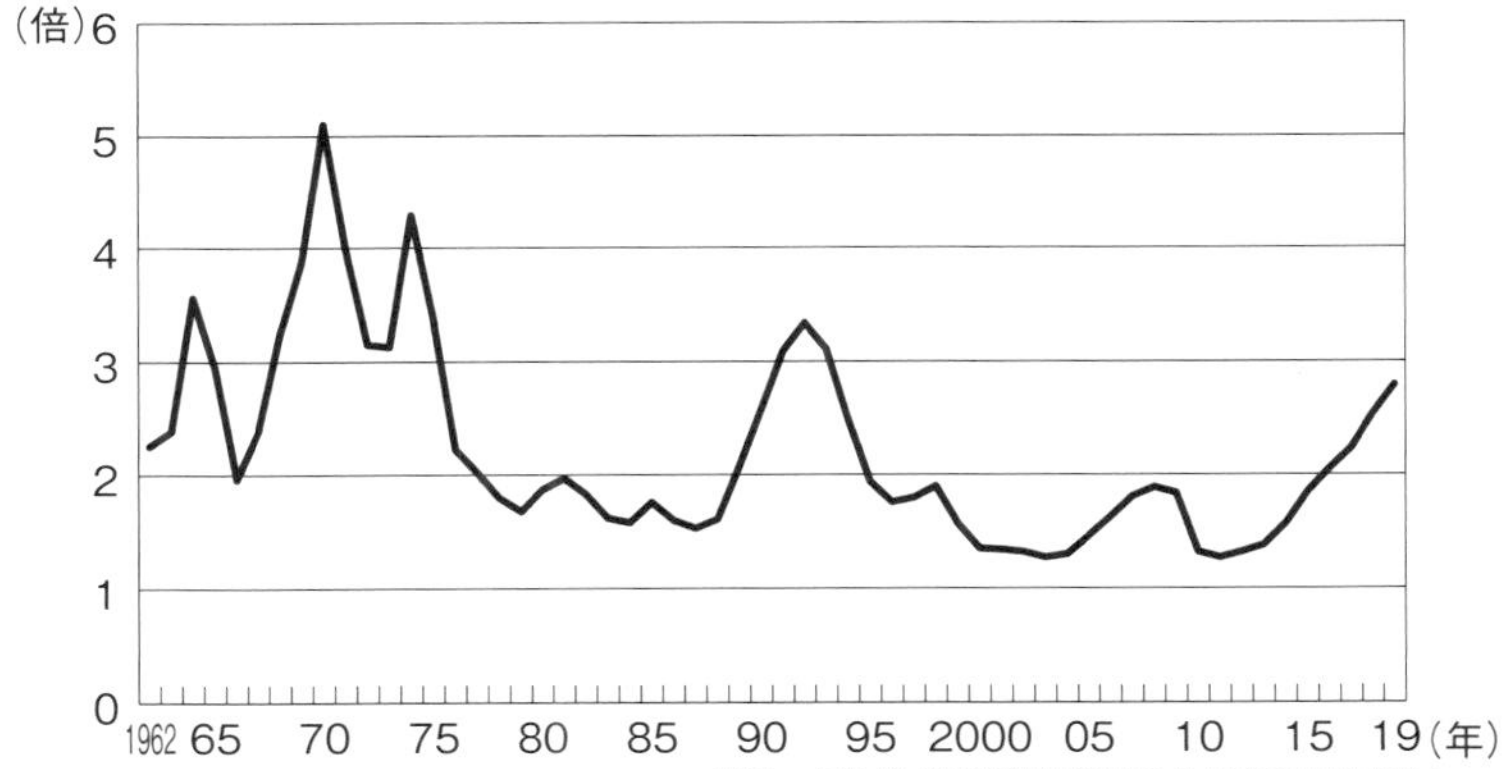

出所：厚生労働省「労働経済の分析(2011年版)」、同「高校・中学新卒者のハローワーク求人に係る求人・求職状況」

人生であり、忠誠をつくし、運命共同体のような協調性が醸成されていく。「よい学校を出て、よい会社に入る」ことが家族にとっても幸福を実現する確実な道であることを誰もが信じていた。

このような考え方が、大量生産型のビジネスモデルであった多くの企業において、共同作業を効率的に進め、持続的な改良・改善で成長していく基本路線とマッチしていたことが日本型組織の強みでもあった。この強みがさらに強化され、事業も長きにわたり持続的な成長を果たしてきたことで、終身雇用・年功序列が当たり前の風土となり、退職することはまるで裏切り行為のように見られるほど、強固な価値観で共同体が維持されていったのである。

図表1-6◉従来の日本的組織における人事管理の特徴

1　終身雇用・年功序列

2　新卒一括採用・メンバーシップ型雇用（全般的な能力と処遇が連動。特定のジョブとはひもづかない）

3　日本人・男性・大卒正社員が主役

4　会社への忠誠心と共同体意識（退職は裏切り行為）

5　中途採用は例外。真っ白なキャンバスのような新卒重視（会社色に染めやすい）

6　既存事業のオペレーションが最優先。既存事業を改良・改善するための能力開発

しかし、これはあくまでも高度経済成長期という経済・社会のなかで、日本型組織の持つ強みがプラスに作用したことであることを見落としてはならない。戦後から高度経済成長期においては、これらの特徴（図表1-6）を持った人事管理が機能し、日本の輝かしい歴史を支えてきたことは確かだが、この日本的組織とその管理手法が長年続いたことにより、〝文化〟といえるほどに定着しすぎてしまった。

その結果、日本の労働生産性はいっこうに高まらず、国際競争力も低下するという弊害が生じている。例えば、OECD（経済協力開発機構）のデータに基づく日本の一人当たり労働生産性（就業者一人当たり付加価値）は、二〇一九年時点で八万一一八三

図表1-7◉就業者1人当たり労働生産性 上位10カ国の変遷

順位	1970年	1980年	1990年	2000年	2010年	2019年
1	米国	オランダ	ルクセンブルク	ルクセンブルク	ルクセンブルク	アイルランド
2	ルクセンブルク	ルクセンブルク	米国	ノルウェー	ノルウェー	ルクセンブルク
3	カナダ	米国	ベルギー	米国	米国	米国
4	オーストラリア	ベルギー	ドイツ	アイルランド	アイルランド	ノルウェー
5	ドイツ	アイスランド	イタリア	スイス	スイス	ベルギー
6	ベルギー	ドイツ	オランダ	ベルギー	ベルギー	スイス
7	ニュージーランド	カナダ	フランス	フランス	イタリア	フランス
8	スウェーデン	オーストリア	アイスランド	オランダ	フランス	デンマーク
9	イタリア	イタリア	オーストリア	デンマーク	オランダ	オーストリア
10	アイスランド	フランス	カナダ	スウェーデン	デンマーク	オランダ
—	日本(20位)	日本(20位)	日本(15位)	日本(21位)	日本(21位)	日本(26位)

出所：日本生産性本部「労働生産性の国際比較2020」(2020年12月23日)

ドル（八二四万円／購買力平価換算、日本生産性本部調べ）と米国の六割程度にすぎず、一九七〇年以降、ＯＥＣＤ加盟国中では二〇位前後（主要先進七カ国では最下位）という状況が続いている（**図表1－7**）。すなわち日本は、企業の設備投資・輸出の拡大や旺盛な国内消費に支えられ経済規模こそ拡大したものの、労働者の一時間当たりの稼ぐ力はほとんど伸びていないことがわかる。

さらに、スイスのビジネススクールであるＩＭＤ（国際経営開発研究所）が発表している競争力ランキングによると、日本は一九九二年時点で一位を保持していたが、次第に順位を下げていき、九七年に一〇位圏外へ転落。二〇二〇年には三四位と過去最低を更新した（**図表1－8**）。

図表1-8◉日本の国際競争力ランキング（IMD/国際経営開発研究所）の推移

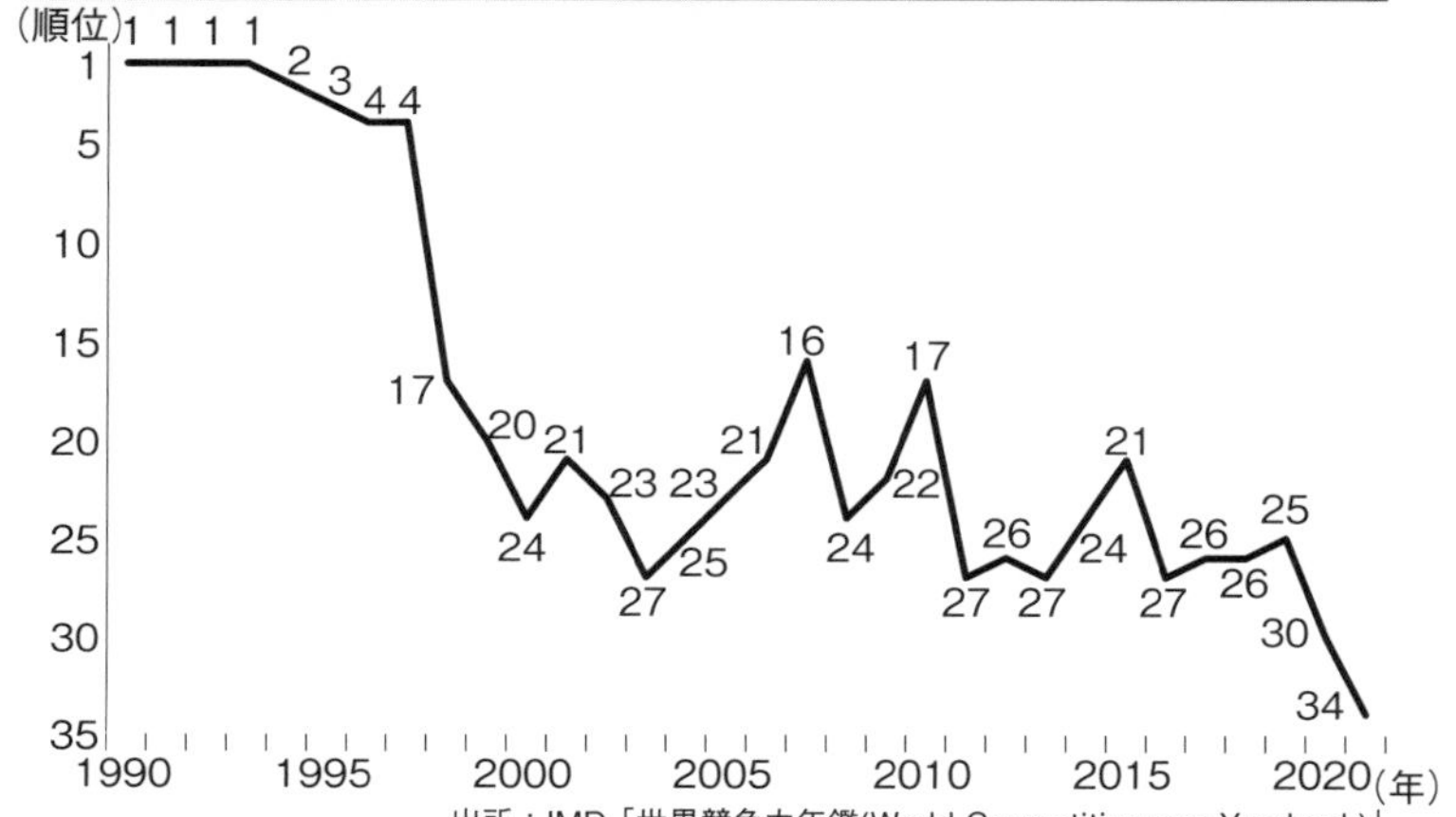

出所：IMD「世界競争力年鑑(World Competitiveness Yearbook)」

日本的組織と人事管理手法が、日本企業の足かせとなりつつあることは、誰の目から見ても明らかとなってきた。そのため日本経済団体連合会（以下、経団連）は二〇一八年、新卒採用活動の日程を決める「採用選考に関する指針」、いわゆる就活ルールを廃止すると発表した。卒業時期が異なる日本人海外留学生や、外国人のハイスキル人材の採用が増えつつあるなか、国内の新卒者限定の就活解禁日を守り続ける意義が薄れてきたからだ。さらに経団連は二〇二〇年一月に、春闘での経営側の基本方針となる「経営労働政策特別委員会報告」のなかで、新卒一括採用や年功序列型賃金、終身雇用などを柱とする日本型雇用制度の見直しについても言及した。

そのうえ未曽有の経済危機ともいえる新型コロナウイルスの感染拡大（二〇二〇年〜）によって、これまでの日本的組織と人事管理手法が行き詰まり、有機的に機能しないことを多くの企業や経営者が認めざるを得なくなった。ただし、そのことを悲観的に捉える必要はない。破壊的なコロナショックによって、これまでの日本的組織は終焉を迎えるものの、新しい時代における「新・日本的組織」とそれを機能させる人事を行えばよいのだ。すなわち、人事機能のイノベーションが求められている。

新しい人事のあり方「戦略人事」

日本企業は、これまでの成長モデル（大量生産型）から脱却し、新しい時代において顧客価値・社会価値が高い事業を再構築しなければならない。それは、短期的な取り組みではなく、一〇年後を見据えた長期ビジョンを描き、その実現のためのロードマップを描き直すことから始まる。急激な消費者・働き方の価値観の変化を受け止めながら、新たな事業戦略・収益構造でビジョンの実現を目指す。その実現を達成するための戦略的な人事機能が「戦略人事（戦略的人的資源管理）」である。

戦略人事は、一九九〇年代に米国のミシガン大学ロス・ビジネススクールのデイビッド・ウルリッチ教授が提唱したもので、簡単にいうなら「経営戦略の目標を達成するための人事施策」だ。つまり人事部（課）は、トップの戦略遂行を支えるビジネスパートナーという位置づけになる。当たり前だと思われたかもしれないが、これまでの企業の「人事」は必ずしもそうではなかった。事務処理や労務管理などの定型業務を機械的に行いつつ（ルーチン人事）、従業員を採用・育成・管理して評価制度を運用する（インフラ人事）だけ。会社の経営戦略に対しては文字通り〝ひとごと（他人事）〟であり、戦略遂行は総務・財務や経営企画など他部門の仕事だと考えている人事部（課）が多かったのである。

ただし、労務管理や給与計算などの管理・オペレーション業務を行う「ルーチン人事」、人事制度などの仕組み（社内インフラ）の設計・運用を行う「インフラ人事」、そして「戦略人事」は、決して相互排他的なものではない（**図表1-9**）。程度の差はあれルーチン人事とインフラ人事の機能はどの会社にも存在し、現在でも正確に処理、運用されていなければならない。なぜならば、給与計算を一つとっても、正確な仕事をすることが従業員からの信頼の礎となっているからであり、不正確な処理、運用では経営からも従業員からも信頼を失うからだ。

図表1-9◉人事機能の構造

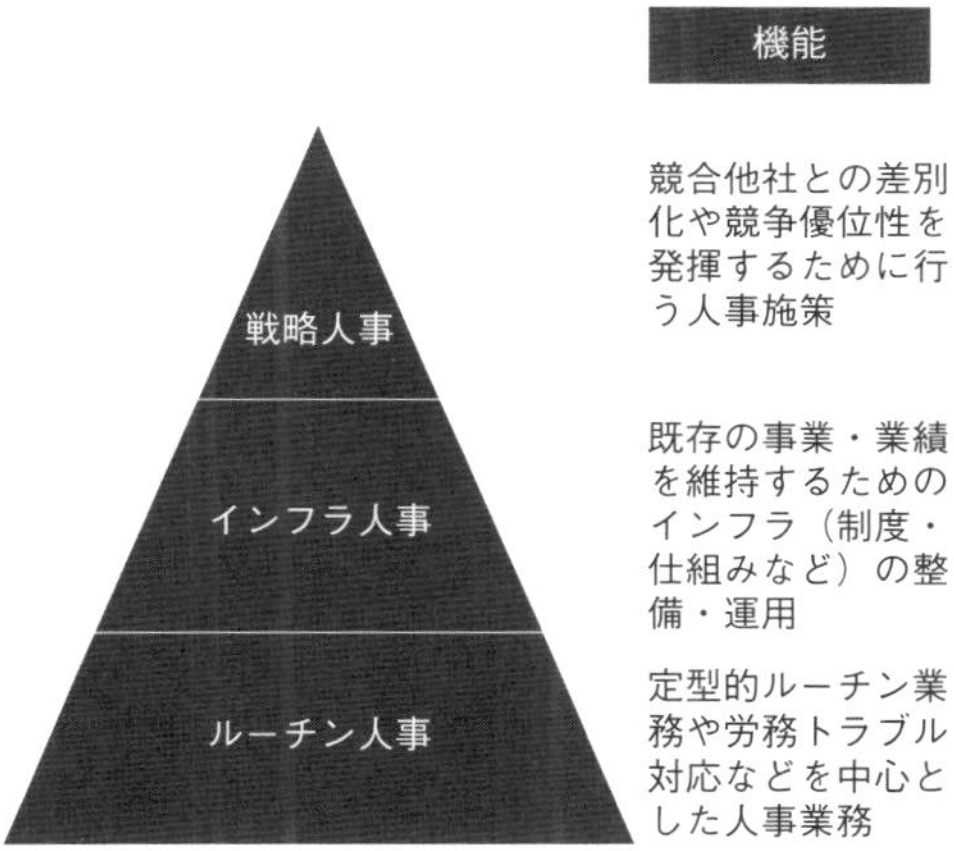

しかし一方で、経営者や人事責任者が「正しい処理、運用」ばかりに気を取られていると、「事業戦略を達成するための人事」を考える時間がなくなり、結果的に事業戦略と人事を切り離して考えてしまう。その結果、仮に新しい事業戦略を構築できても、それを支える人事・組織が実現できず、事業と組織がちぐはぐになり、持続的な成長を阻害する要因となってしまう。

だからこそ、それぞれの人事機能が排他的ではなく、従来の機能も働かせつつ、新たな機能として戦略人事を付加して、人事全体をアップデートさせていかなければならないのである。

とはいえ、実際の企業現場を見ると、戦略人事の取り組みが進んでいないのが現状

図表1-10◉「戦略人事」は重要か（全体）

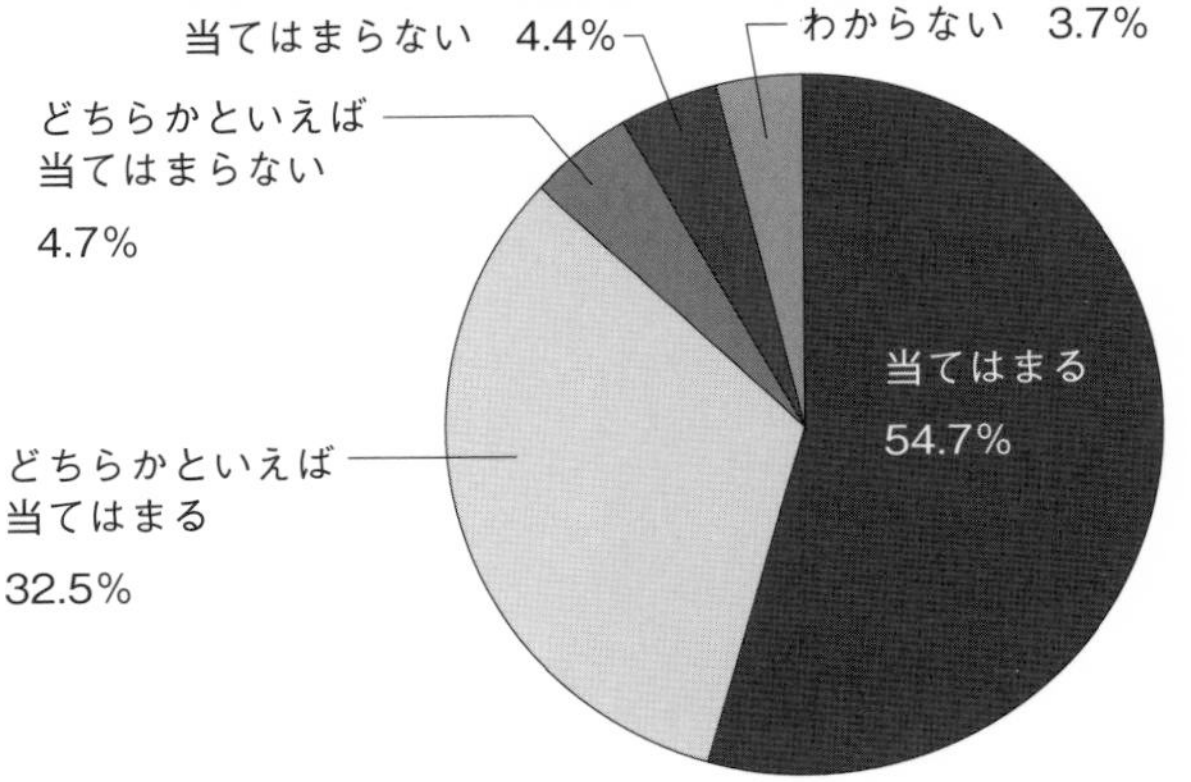

出所：HRビジョン「日本の人事部 人事白書2020」

である。人事労務ポータルサイト「日本の人事部」を運営するHRビジョンが行った調査によると、企業四六二〇社のうち実に九割近く（八七・二パーセント）が「戦略人事は重要・どちらかといえば重要」と答えた（図表1-10）。

ところが、人事部門で戦略人事が機能しているかを聞いたところ、「当てはまる」（二七・六パーセント）と回答した企業は三割に満たず、「当てはまらない」（六八・五パーセント）が七割近くを占めていた。戦略人事の重要性については強く認識しているものの、実際はなかなか機能していない。

「戦略人事」と「人事戦略」の違い

「戦略人事」と「人事戦略」は、言葉は似ているが、意味はまったく異なる。戦略人事は、「人材という経営資源をどうマネジメントして事業戦略の達成をサポートしていくか」。人事戦略は、「採用や教育、労務管理のオペレーションなどの人事業務において何をするか」。その一番の違いは、業績にコミットしているかどうかという点だ（**図表1-11**）。

仮に人事戦略が失敗しても事業戦略の達成に直接的なダメージはないが、戦略人事が失敗することは、事業戦略が達成できない直接的な原因となり得る。つまり、戦略人事では、人事部門が事業戦略を正しく理解し、競合他社との差別化・優位性を人事面で構築するための機能を備えることが必要なのである。

この戦略人事の機能を発揮させることができる人材がいなければ事業戦略は絵に描いた餅と同じである。ところが、これまでの人材の配置については、意外なほど優先度が低かった。理由としては、オペレーションや人事制度の設計・運用は専門的すぎ

図表1-11◉「戦略人事」と「人事戦略」はまったく違う

用語	着眼	例
戦略人事	人材という経営資源をどうマネジメントして事業戦略の達成をサポートしていくか	・新しい時代に対応した新たな事業戦略を達成するために優秀なSEが新たに5名必要であり、そのための組織・体制の整備、人材の確保を行う
人事戦略	採用や教育、労務管理オペレーションなどの人事業務において何をするか	・新卒採用において優秀な学生を採用するために「○○ナビ」のような大手広告への出稿をダイレクトリクルーティングに変える ・給与計算業務を効率的に行うためアウトソーシングさせたり、給与計算システムを導入したりする

て、現在の担当者・責任者の代替者がいないこと。そのため、人事部員に求められる要件については後回しになっており、結果として人材が育てられていないことなどが考えられる。

しかしながら、人事部門に戦略人事機能を付加し、動かしていくためには、そもそも戦略人事の担い手である人事部門のメンバーのパラダイムシフト（価値観の転換）が不可欠である。当事者にとっても、突然「戦略人事だ」といわれても、サポートが一切なければ不安と孤独しかない。それは、のちに不満へと昇華し、最終的には人事部門から「戦略人事反対論」が出てくることさえ考えられる。

戦略人事を機能させていくためには、そ

の担い手を育成していく必要がある。そのためには、戦略人事の担い手として必要な要件を整理することだ。戦略人事の担い手を要件定義することで、社内におけるキャリアパスを描きやすくなることや、または社外から採用する際の要件設定にも活用することができる。

人事の役割については、前述したウルリッチ教授が著書『MBAの人材戦略』（日本能率協会マネジメントセンター）で提唱した代表的な考えがある。これを参考に定義したものが、次の四つの機能である。

1　戦略のパートナー

事業戦略に合致するように、人事の戦略や組織設計を行う機能。

2　管理のエキスパート

全社における人や組織に関する取りまとめを行い、法的リスクを最小限にし、業務の効率性を高める機能。

3　従業員のチャンピオン

従業員一人ひとりの声を聞き、従業員の意欲を高めるために、人事の戦略や組織設計を行う機能。

4 変革のエージェント

経営理念・バリュー・行動規範に合致するよう人事の戦略や組織設計を行う機能。

人事部門のメンバーは、これらの役割のいずれか（もしくは複数）をそれぞれが（もしくは一人が）担うことを期待されている。しかし、実際には、これらの役割は経営においてどの程度が重要視され、また、人事部門メンバーもどの程度まで実現できていると自認しているだろうか。

HR総研が企業の人事責任者、人事担当者向けに毎年行っている「人事の課題とキャリアに関する調査」（**図表1-12**）というものがある。この調査によると、「現在、人事部門に求められる役割」について、二〇一八年は「人材管理のエキスパート」が三八パーセントで最も高い。次いで「組織・風土変革のエージェント」が三二パーセントであった。ところが、二〇二〇年になると、依然として「人材管理のエキスパート」が三八パーセントと高いものの、「ビジネス戦略のパートナー」が三九パーセントで最も高くなっている。また、「組織・風土変革のエージェント」は二〇パーセントへと縮小している。さらに、「今後、人事部門に求められる役割」については、二〇一八年、二〇二〇年ともに「ビジネス戦略のパートナー」が五〇パーセントを超えている。

図表1-12◉人事部門に求められる役割（2018年と2020年の比較）

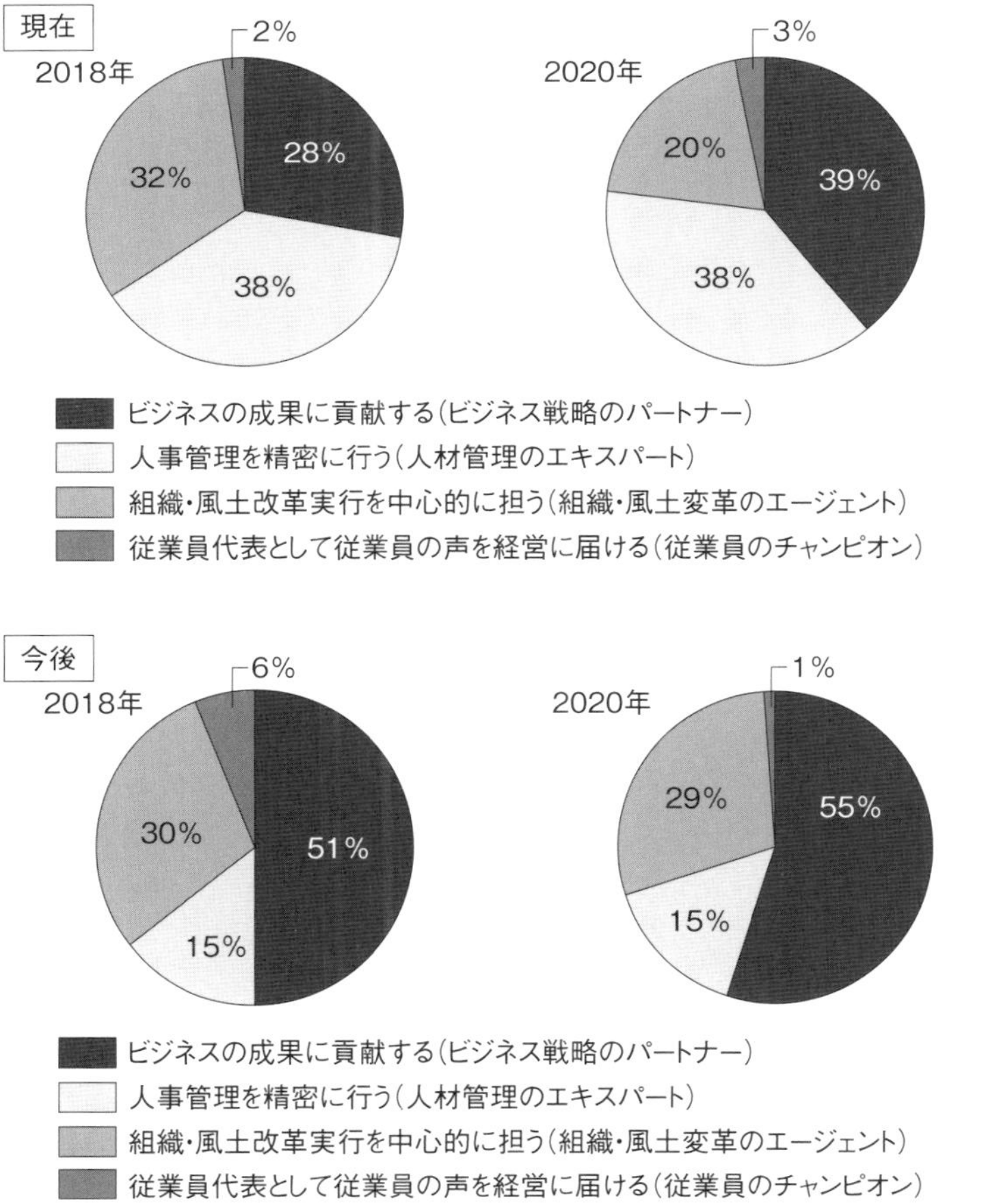

出所：HR総研「人事の課題とキャリアに関する調査」

おそらく、二〇一八年（コロナ禍前）の多くの企業・経営者は、人事部門のメンバーに対して、日ごろのルーチン業務においてミスやエラーが少ないこと、制度設計や運用においても経営者、管理職、現場の潤滑油的に動ける調整力などを求めてきたのではないだろうか。ところが、二〇二〇年は予測できない非連続的な変化として新型コロナウイルスの感染が蔓延したこともあり、より「ビジネス戦略のパートナー」としての役割が求められるようになったことが推測できる。

戦略人事を推進する全社最適の視点と専門性

新型コロナウイルス感染症のパンデミック（世界的大流行）発生を機に、世界の不透明感が急激に高まっている。「世界不確実性指数（ＷＵＩ：World Uncertainty Index＝政策をめぐる不確実性や経済の先行きの不透明性を定量化した指標）」を見ると、ＷＵＩは二〇二〇年に、データがさかのぼれる一九六〇年以来で最も高い水準に達した（**図表1-13**）。

このように、現在は経営環境の変化が激しく、かつ、さまざまな事象・要素も複雑

図表1-13◉世界不確実性指数（WUI）の推移

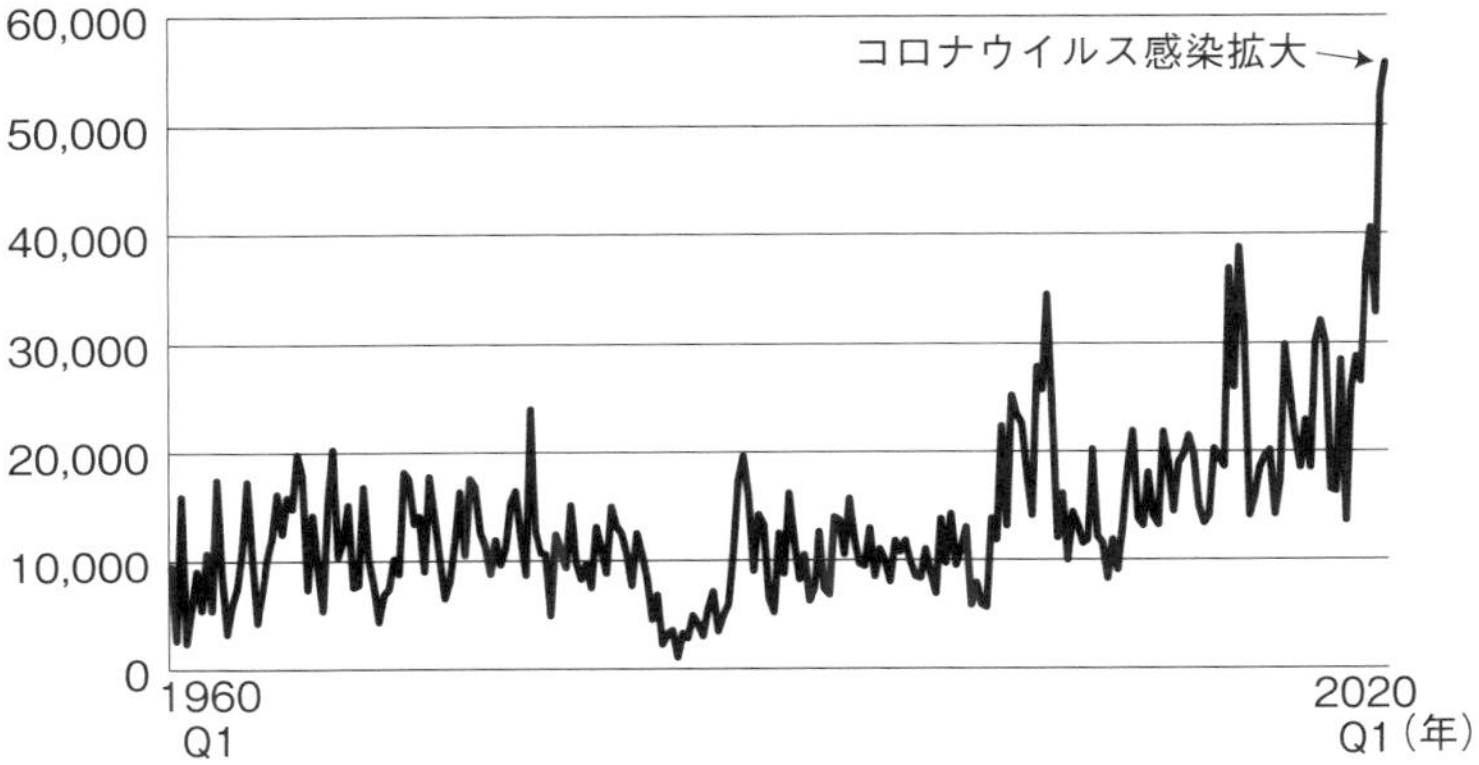

出所：IMF（国際通貨基金）

に絡んでいる。先行きを容易に見通すことができないＶＵＣＡ※の環境下では、人事部門は「経営を理解したうえで、自部門の存在価値を明確にし、かつ、それを確実に成果に結びつけ、誰もが見て評価できる組織」へと変革しなければ、「戦略パートナー」としての役割は果たせない。

※ＶＵＣＡ《ブーカ》：Volatility（変動性）、Uncertainty（不確実性）、Complexity（複雑性）、Ambiguity（曖昧性）の頭文字を取ったもの。

戦略パートナーは、経営者に伴走しながら事業変革をリードできる人事・組織のプロフェッショナルでなければならない。それは、トップからの指示を待って行動を起こすのではなく、自部門の存在価値を明確にして、成果を出すということである。さらに、その成果を誰もが見て評価できる組織となるためには、経営者だけではなく、事業部門とも連携をして、最適な解決策を生み出さなければならない。そのためには、これまで中央集権的であった人事部門の権限を、ビジネスの最前線である現場に一定の権限委譲をして多様な人材を活用することも必要だ。現場のリーダーは求められる役割が大きくなるが、その結果、現場リーダーも育ってくるのである。

私自身、人事部門での業務経験と、現在のコンサルタントとしての業務経験からいえば、戦略パートナーの役割は、コンサルタントに求められる役割にも似ている点がある。コンサルタントは、課題解決の方法を顧客と議論し、そのなかに解決策として自社のソリューションを位置づけ、どのように課題解決を図っていくのかを明示してコンサルティングをスタートさせる。戦略パートナーとしての人事も、社内でこのような役割が求められているといえる。

戦略人事を機能させるためには、前述の戦略パートナーとしての役割以外にも、求められる役割がある。

一つ目は、ビジネスの現場で起こっている状況を的確に把握して、全社最適の視点で人材マネジメントに反映する役割である。この役割は、要員・人件費戦略、採用ブランディング・マーケティング、HRテックといった各人事機能の専門家でもあり、先進的な事例やソリューションを理解していること、社内で構想を練るうえでフレームワークを習得していることが求められる。特にＨＲテックには注目しておきたい。ＨＲテックとは、ＨＲ（Human Resource=人材）×テクノロジー（Technology）の造語である。採用やタレント・マネジメント、リーダー育成、評価、勤怠などの幅広い人事関連業務において、ビッグデータ解析や人工知能（ＡＩ）、クラウドなどの最先端テクノロジーを活用し、人事課題の最適解を導くソリューションやサービスのことを意味する。

近年、ＨＲテックの市場規模（シード・プランニング調べ）は急速に需要が拡大しており、二〇一九年は前年比約三〇パーセント増の一一九九億円、二〇二三年には一九年比約二・一倍の二五〇四億円に達すると予想されている（図表1-14）。

従来の日本で横行していた「感覚による人材管理」ではなく、定量的・具体的なデータに基づいた人材マネジメント、組織運営を実現するための活用が期待されている。ＡＩ、機械学習などビッグデータを分析するテクノロジーの進化により、従来は難しかったデータの取得が可能になったり、膨大なデータを正しく分析できるようになったり、画像や動画といった非定型データを含めたさまざまなデータを分析できるようになってきている。

図表1-14◉HRテクノロジー市場規模推計・予測

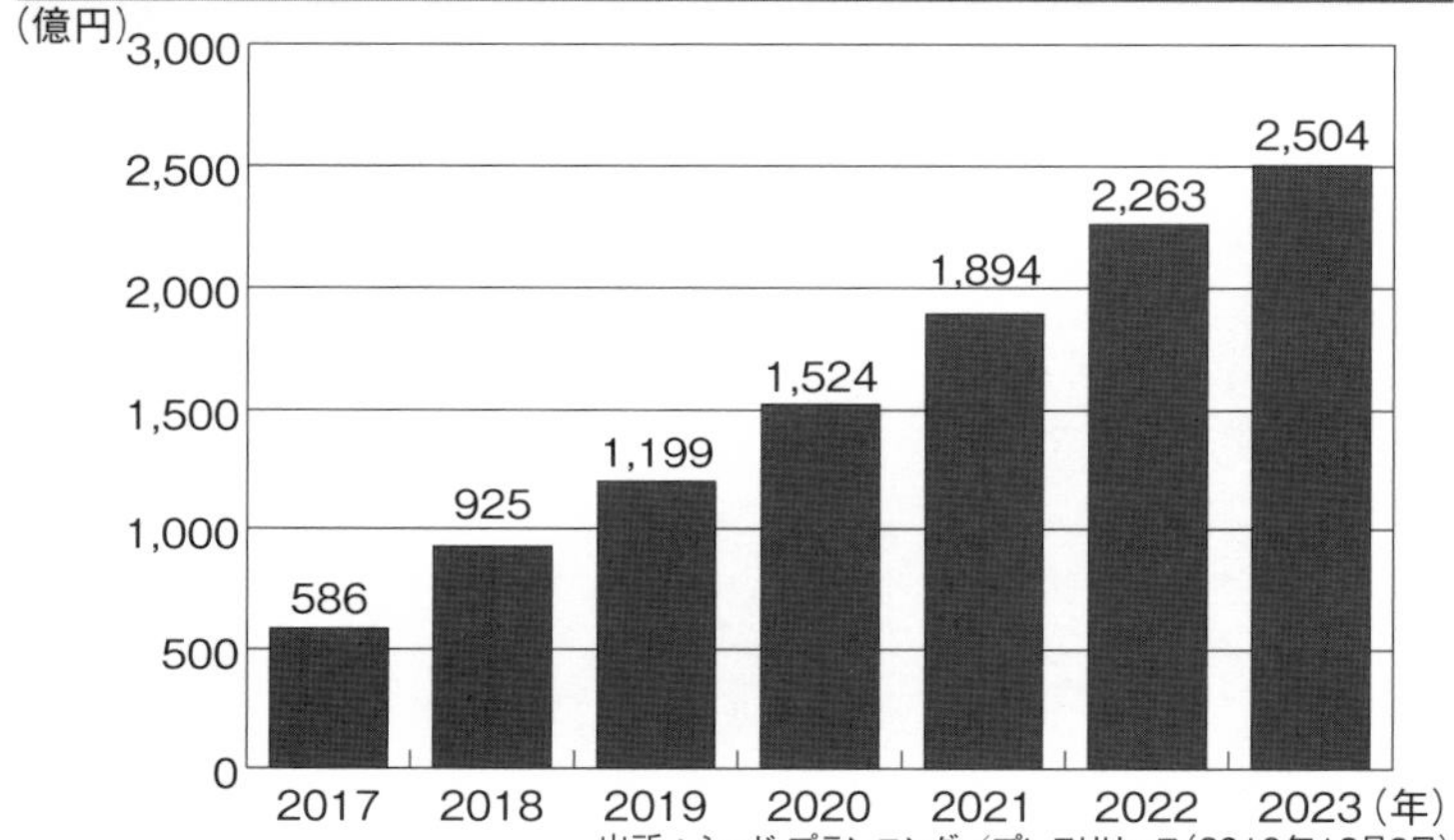

出所：シード・プランニング／プレスリリース(2019年12月2日)

企業の競争優位の源泉が、資金や設備投資から、知識や知恵、またそれらを生み出す人材へとシフトしているためであり、今後の活用は戦略人事には不可欠である。

二つ目は、従業員からの高度かつ専門的な内容を含む問い合わせへ対応する役割である。ただ専門的な知識を有しているだけではなく、さまざまな仕組み・制度の内容、その設計思想まで理解し、聞き手の理解度に合わせたコミュニケーション力を持っていることが求められる。また、グループ全体におけるオペレーションの企画や、蓄積された多様な業務データを活用した提言などが期待される「司令塔」としての役割である。

これまでも「管理のエキスパート」とし

て優秀なオペレーション人材がいて、想定外のことが発生した際は、高いコミュニケーション力と人脈、専門知識をもって、円滑に事態を収束させてきたに違いない。もちろん、今後もそのような人材は必要であるが、今後、従業員からの問い合わせなどの簡易・初期対応は、RPA（ソフトウエア型ロボット）やチャットボット（自動会話プログラム）といった人材以外の代替労働力が担っていくことが想定される。オペレーションのミスやエラーが起きないように目を配ることはもちろん、HRテックやITの活用による業務プロセスの改善、標準化・最適化へ注力していくことが今後の役割である。

さらに、エンプロイー・エクスペリエンス(Employee Experience)にも目を向けていく必要がある。これは、直訳すると、「従業員の経験」となり、従業員が仕事や職場内で経験できるすべての要素を指す。エンプロイー・エクスペリエンスとは、従業員が、企業や組織内で行われる経営活動や人事施策などを通して醸成する経験価値を意味するが、従業員が経験価値を感じる場面は実務だけではなく、社内の諸手続きやイベントなど、社内の活動全般であり、人事に関するオペレーションから提供されるサービスもその一つといえる。さまざまな申請は電子申請であるか、問い合わせはいつでも可能なチャットボットであるか、これらは、従業員の満足度に大きな影響を与える。

そういう意味でも、人事に関するオペレーションが提供するサービスを受ける側の経験価値（エンプロイー・エクスペリエンス）も評価の対象とし、業務プロセスの改善、標準化・最適化へ注力していくことが求められる。

日本型組織が終焉を迎え、そのことを経営者自身が受け止め、理解し、勇気を持ってこれまでの人事管理の考え方から脱却しなければ戦略人事は始まらない。今までの人事部門を変革し、戦略人事を実現するためには、新たな時代に適応した事業戦略を描き、その達成のカギを握るのは人事部門の変革であるという経営者自身のマインドセットがなければ、人的資源が競争力の源泉にはならない。

経営者は、変化の激しいなかで、あらゆる意思決定を並行して行うことが求められるが、事業における戦略だけではなく、それを実現するための人や組織まで戦略的に構想して意思決定していくことが不可欠だ。また、人事部門の構造的な課題を解決するためにも、アウトソーシング（外部委託）やシェアードサービス（企業グループ内の間接部門を一カ所に集約・統合すること）、テクノロジーを活用するなど、従来の人事管理業務に割く時間を、戦略的な人事業務へシフトできるよう積極的な意思決定も期待したい。

それが、持続可能な成長への第一歩となるからだ。

第2章

採用——今までの「当たり前」を捨てよ

人材採用の本質的な目的

優秀な人材の獲得は、組織にとって最も重要な課題の一つだ。どれほど優れた事業戦略を立案し、最新鋭の設備機器を導入しても、それらを使いこなせる人材が社内にいなければ意味がない。それだけではなく、事業を新しく生み出す、ビジネスモデルを変革する、新製品・サービスを開発するなど、事業戦略上の課題の解決に、必要なスキル・知識・能力・経験などを有した人材を獲得・配置することは、組織にとって不可欠である。自社の事業戦略の目的を達成するために必要な人材を組織内に有していることが、すべての経営活動の基盤となる。

例えば、価格競争力で市場におけるリーダーシップを発揮しようとする企業（組織）では、当然、安価で高品質な製品・サービスを提供できる人材の獲得が求められる。製造業では、安価な労働力を求め、賃金の安い途上国に生産拠点を移し、ホワイトカラーは短時間で高い成果を出せる人材が重視される。イノベーションを起こし、競争力を発揮しようとする企業（組織）では、新しいアイデアや変革のリーダーシップを発揮できる人材が求められる。自由闊達な議論ができる人材や創造性に強みを持つ人材など、イノベーションの源泉となる人材を有することが競争力の源泉となる。このように事業戦略と人材採用は連動しており、事業戦略を遂行するために最適な人材を獲得し、ビジネスの現場に供給することが人材採用に期待されることである。

戦略人事の観点から人材採用の本質的な目的を捉えようとすると、「組織が競争優位性を獲得し、事業の目標を達成するために必要な人材要件を明確化し、募集・選抜プロセスを通して、要件を満たした人材を獲得すること」ということができる（戦略的採用）。

企業にとって競争優位性を獲得するには、戦略と採用が一貫している必要がある。しかし、企業には採用目的がもう一つある。それは、欠員補充など組織構成を維持するための採用である。

成長段階にある企業では、欠員補充のための採用と、さらなる事業強化のための採用が混在することはよくある。同じ中途採用であっても、欠員補充の採用と、新たな付加価値を創造するための採用とでは、経営における意味合いはまったく異なる。そのことを踏まえると、採用の目的は、先述した「競争優位性を強化するための採用（攻め）」に加え、「既存の組織構成を維持するための採用（守り）」もあり、二つに大別することができる。

そして、どちらの採用を重視すべきかについては、企業の戦略によって異なってくるのである。

人材採用は「経営課題」である

人材採用の成功は組織の競争優位に直結する。そのため、企業は人材採用を戦略的に高度化していく必要があるが、なかには「優先課題と考えている」といいながら、採用の現場（説明会や選考の場）へ一切足を運ばない経営者もいる。話を聞けば、最終面接だけは社長が行っており、「あとは人事に任せている」というのである。いつの間にか人材採用が経営課題ではなく、単なる実務的な業務・課題となってしまっているのが実態なのだ。なぜこうなってしまったのか。

日本的組織の特徴でもあった終身雇用。高度経済成長期には、終身雇用を前提に、高卒の新卒正社員を一括採用し、大量生産型の現場へと供給していた。また、将来の幹部候補として、若干名の大卒正社員を採用していた。さらに、このころは非正規社員の規模も現在とは比べものにならないほど小さかった。

ところが、一九九〇年代の後半以降、この状況は一変する。非正規社員の採用が急速に拡大し（図表2-1）、パート・アルバイトが、現場の基幹業務を担うようになってきたのである。高卒採用と大卒採用の数自体が逆転しだしたのもこのころである（図表2-2）。

二〇〇〇年代に入ると、インターネットの普及に伴い、採用現場でもITツールを活用して、採用の各工程のデータを可視化し、KPI管理など数字に基づくPDCAサイクルが求められるようになった。このころは、日本企業が成果主義という考え方を導入し始めたころでもあった。大卒正社員と非正規社員の採用が現場の重点課題となり、募集・選抜の各過程では膨大なタスクとオペレーションが発生し、それが求人数もしくは求職者数に応じて繰り返し行われるということが起きた。

そして、それらの巧拙は人材採用の成否に直結していった。経営者は煩雑な募集・選抜のマネジメントを採用担当者へ委ねるようになり、結果として経営者が本質的な関心事項から外れていったのである。それでも、特に大卒正社員の採用に関する決裁者は社長になっている企業も多く、名残・形式として最終面接だけは社長が行うということが定着してしまったのだ。

図表2-1◉正規雇用労働者と非正規雇用労働者の推移

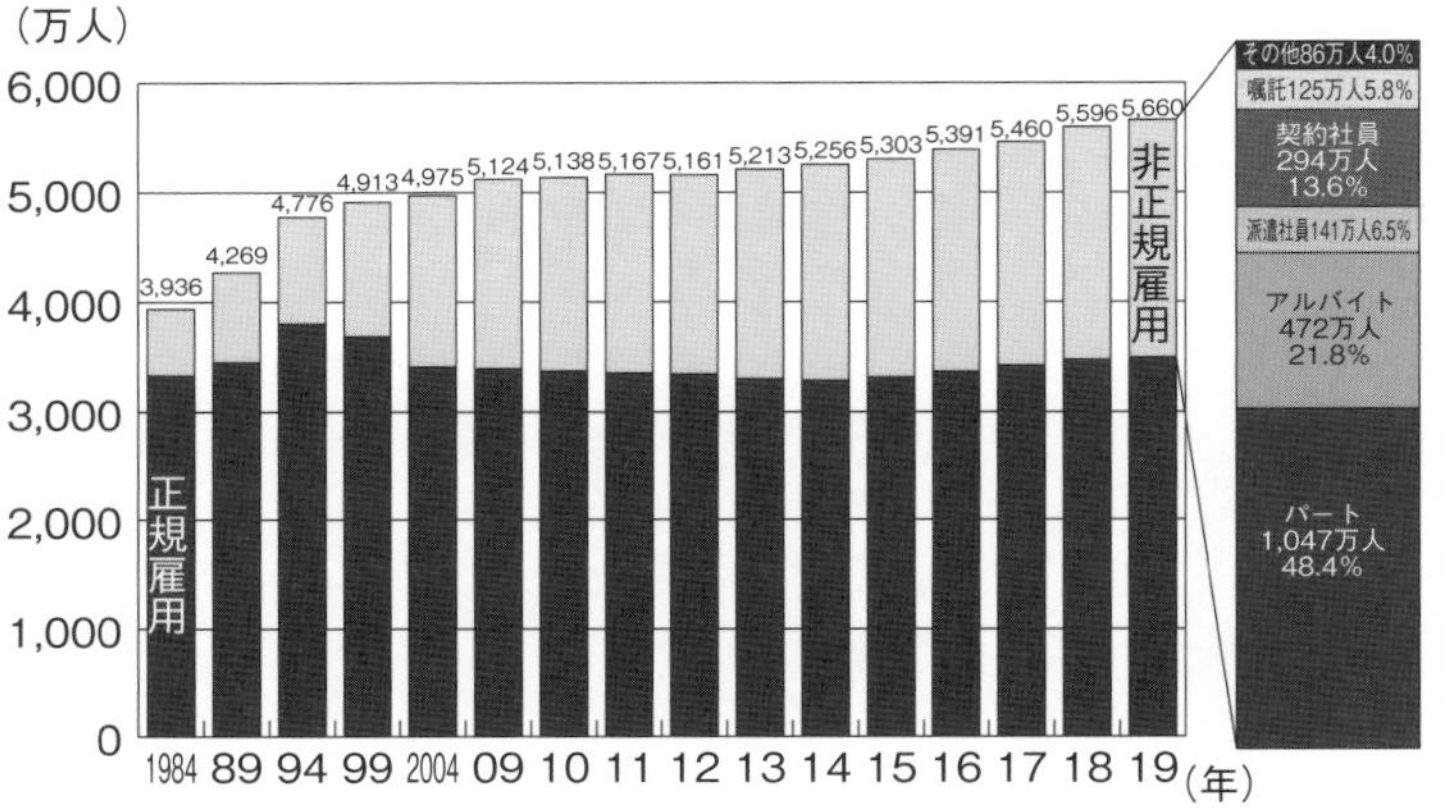

出所：総務省「労働力調査」長期時系列表

図表2-2◉高卒者と大卒者の就職者数推移

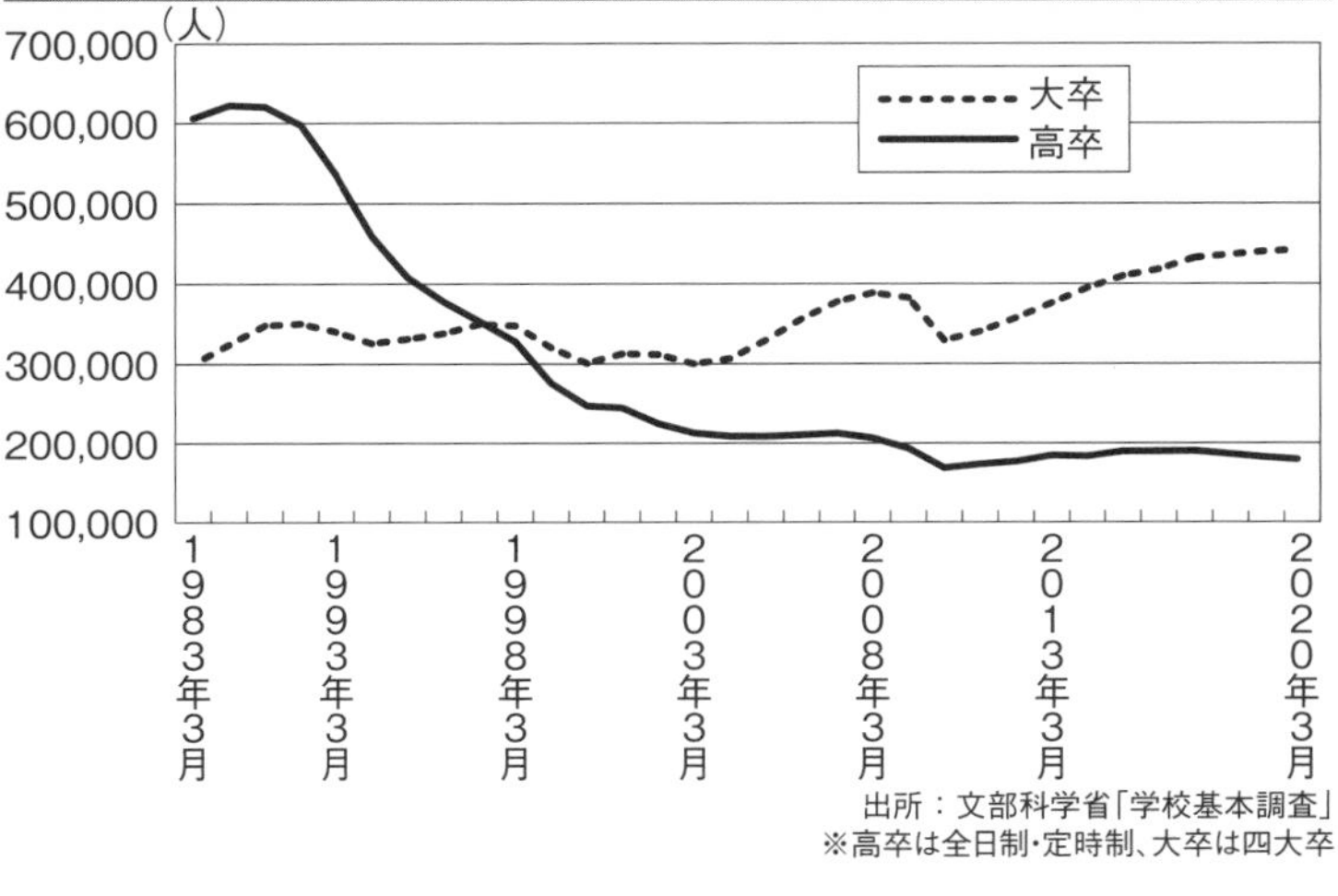

出所：文部科学省「学校基本調査」
※高卒は全日制・定時制、大卒は四大卒

募集・選抜のプロセス改善は、採用の要諦ではあるが、採用のすべてではない。「組織が競争優位性を獲得し、事業の目標を達成するために必要な人材要件を明確化し、募集・選抜プロセスを通して、要件を満たした人材を獲得すること」が採用の目的である。

ところが、「採用」と「募集・選抜プロセス」が同一視されるようになってしまい、採用活動を経営課題として認識し続けている企業と、いつしか実務課題とみなしてしまった企業が、併存することになっているのである。

「新卒は攻め、非正規は守り」という先入観を捨てる

以前の日本的組織においては、「日本人・男性・大卒正社員」という属性が将来の幹部候補とみなされており、大卒正社員の新卒採用は企業にとって重要な課題として認識されてきた。だが、その一方で、大卒正社員の新卒採用は、募集・選抜の膨大なオペレーションが発生する。多くの日本企業では、それらの業務を改良・改善によって業務のルーチン化を図ってきた。その結果、大卒正社員の新卒採用は毎年の定期イベ

ントと化してしまい、取り組み姿勢に企業ごとの強弱・濃淡が生まれている。

次世代の経営を担う人材を採用することを目的（攻めの採用）として、長期的な事業戦略の方向性と整合性を図りながら、変化し続ける外部環境に適応すべく、毎年のように採用の取り組みを進化させている企業がある。その一方で、毎年の恒例イベントとして同じことを毎年繰り返しているだけの企業もあり、両方存在するのだ。

後者の場合は、少子化に伴う若年層の労働力人口が減少し緩やかに充足率が落ちているにもかかわらず、「大卒正社員の新卒採用」というだけで、重要な採用とみなしているその価値観が、本来の目的を見失わせていることに気がついていない。労働力人口の減少や世の中の産業構造が変わっているにもかかわらず、ルーチン化した採用業務を毎年粛々とこなしながら、「人数が集まらない」「優秀な人材が募集してこない」と嘆いている。

これを放置している経営者が意外にも多い。単に定期採用を繰り返しているだけで人が集まる時代はとうに終わっているのだ。新卒採用が「攻めの採用」になっているか、戦略と整合性がとれているか、再点検をすべきである。

非正規社員の採用についてはどうだろうか。「モノ消費からコト消費へ」と叫ばれるようになって久しいが、社会・経済は「サービス業化」が進展しているなかで、事業の現場では基幹業務を非正規社員が支えている企業も多い。

正社員に期待される成果（生み出す付加価値の大きさ）と、非正規社員に期待される成果を比較すると、非正規社員一人当たりに期待される成果は正社員ほど大きくない。しかし、非正規社員を大量に採用している企業においては、その総和が非常に大きなものとなる。このような基幹業務を支える非正規社員を大量に採用をしている企業にとっては、非正規社員の採用は重要な経営課題となる。

しかしながら、今でも「大卒正社員の新卒採用」というだけでそちらを重要視してしまう価値観を持っている経営者・採用責任者は、「非正規社員採用だから……」という理由で、現場任せになっており、重要な経営課題としてその問題に経営者が踏み込まない。つまり、採用の重要性の経営判断が、雇用形態のヒエラルキーの印象を投影する形で行われているということであり、しかも「新卒は攻めの採用、非正規は守りの採用」という従来の日本型組織の価値観から脱却できない古い価値判断基準が、今も疑われることもなくまかり通っていることが問題なのである。

経営者は雇用形態で区別するのではなく、事業戦略に沿って採用の目的を捉え直していただきたい。

経営の目的によって変わる攻めと守り

飲食店や小売店、一部の製造業など人材不足が深刻な業界では、留学生の外国人を従業員として採用することが増えてきている（図表2-3）。こうした採用は、人材不足という組織構成を維持できなくなる課題に対して、守りの採用（組織構造を維持するための採用）として取り組まれてきていることが多い。少子高齢化に伴い、日本人の労働力人口が減っていくことを考えると、今後は、ますます「日本人以外」の労働力の確保は増加していくことが予測される。

だが、新しい時代における事業戦略を再構築していくうえで、新しい顧客価値・社会価値を生み出そうとすれば、現在の延長線上ではなく、イノベーションを起こさなければならない。改良・改善で成長してきた日本的組織にとって、イノベーションは苦手な領域である。なぜならば、「日本人・男性・大卒正社員」という属性を将来の幹部候補として一括採用してきたことで、組織は同質化しており、そもそも「新しいコト」が生まれにくい組織構造・文化になっているからだ。そこで、外国人社員を採用

図表2-3◉外国人留学生の国内就職人数

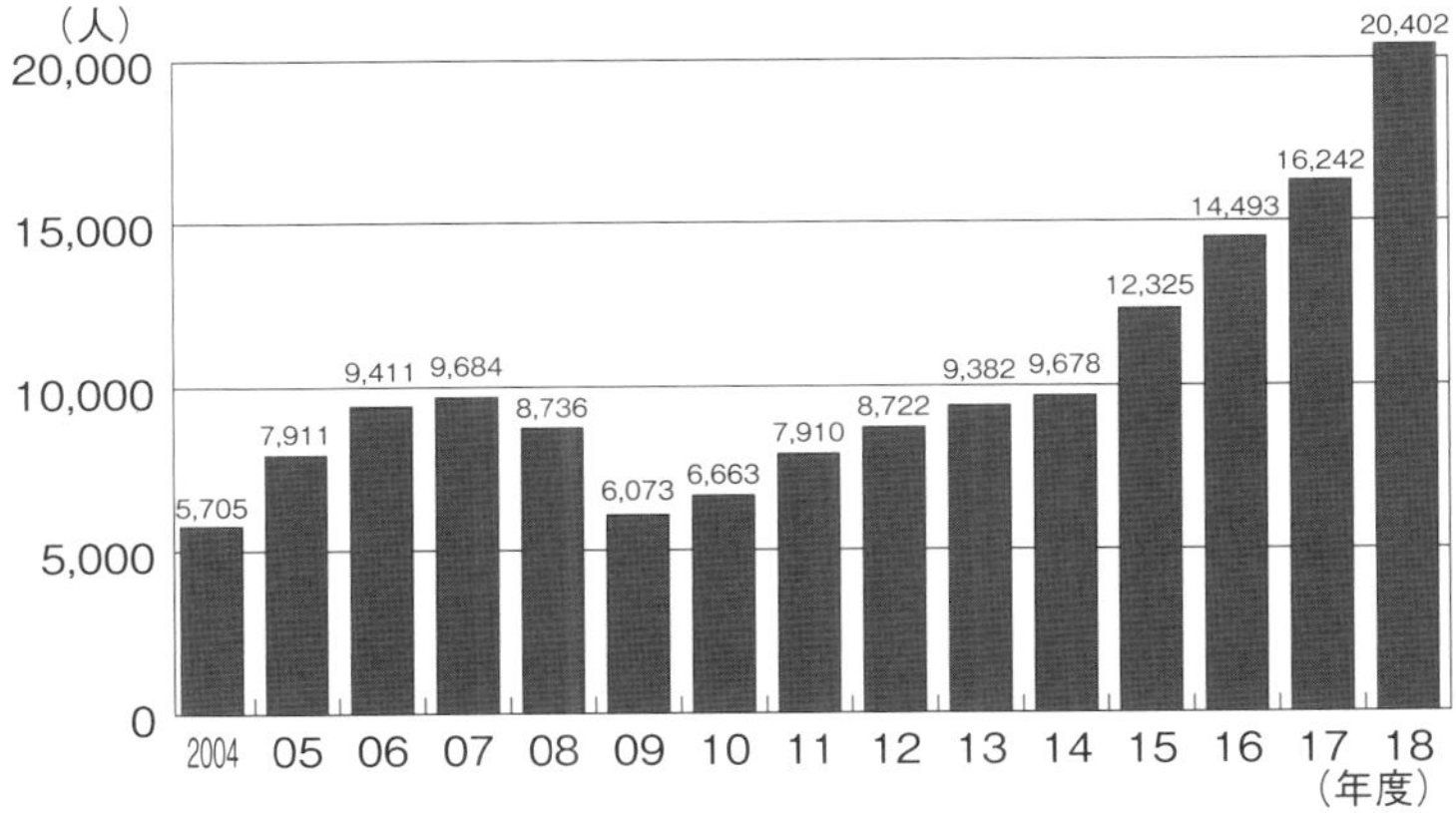

出所：日本学生支援機構「外国人留学生進路状況・学位授与状況調査」

し、組織に新しいマネジメントや知見が加わることで、イノベーションが起きる可能性を高め、事業の成長・拡大を実現しようという発想が少しずつ増えてきている。これがダイバーシティー（多様性）の本質である。

従来の日本型組織の象徴であった「日本人」「男性」という同質化した属性ではなく、「日本人も外国人も」「男性も女性も」という組織にすることで意思決定のプロセスに多様性を見出したり、イノベーションを起こし、事業の成長を図るということがダイバーシティーの目的なのだ。

実際には、その本質的な目的が見失われ、採用の現場において、女性管理職比率の問題だけが独り歩きしていることも課題であるが、ここでは当初、日本人の労働力不足を補う「守りの採用」から始めた外国人採用が、経営の目的と照らし合わせた結果、「攻めの採用」としてみなされてきていることを押さえていただきたい。

「直接雇用」という当たり前を捨てる

労働力人口の減少に加え、雇用に対する労働者の価値観の変化、新型コロナウイルスの感染防止のための働き方の見直し（テレワークなどによる三密を避けた働き方など）により、従来の日本型組織のような同質的な人員構成を維持することは難しくなっている。採用の目的を再確認すると、「組織が競争優位性を獲得し、事業の目標を達成するために必要な人材要件を明確化し、募集・選抜プロセスを通して、要件を満たした人材を獲得すること」である。しかし、労働市場が急激に変化している現在において、要件を満たした人材を見つけ、直接雇用していくことは、より困難になっていくと考えられる。

そこで、戦略人事として一つの提言をしたい。それは、「直接雇用に限らない人材の獲得」という発想である。

これまでの日本型組織において、必要な人材の獲得といえば「直接雇用」であり、強い同質性を求めるため、また情報漏えいを防ぐために「副業を禁止」し、「フルタイム」で働き、「毎日通勤して出社できること」「将来的な転勤が可能であること」など、企業側の都合ばかりで労働条件が規定されていた。しかし、現在の労働市場の変化は、これらの前提を覆すものになってきている。これらのすべての条件を満たせる人材が少なくなり、そもそも世の中に存在しない人材を求め続けている状況になっているのだ。そのことに気づいていない企業が、採用手法を見直すことなく、ルーチン化された採用業務を繰り返しながら、「人材が集まらない」と他人事のように嘆いているのである。

事業戦略においては、外部環境の変化を捉えようとしていても、採用についてはなぜか「毎年恒例」なのだ。これは、採用を現場任せにしてきた経営者の責任だ。そこで、採用の目的に立ち返り、さまざまな前例となっている諸条件を払拭して、要件を満たした人材を獲得するための考え方として、「人材ポートフォリオ」で考える方法を提案したい。

人材ポートフォリオ

ポートフォリオの語源は、イタリア語の「Portafoglio＝紙幣を入れる財布」といわれている。しかし現在では、さまざまな業界においてさまざまな意味で使われている。例えば、複数事業を行っている企業においては、その事業の組み合わせを「事業ポートフォリオ」と呼んでいたり、投資家は「保有している金融商品の構成」という意味で使っていたりする。

戦略人事における「人材ポートフォリオ」（図表2－4）とは、「組織に必要な人材のタイプとその構成」という意味で使用する。つまり、組織（企業）を構成する人材タイプについての方針であり、新しい事業戦略や組織の状況に応じて、必要な人材を検討し、人材ポートフォリオを決めるところから採用を考え直すということである。

人材ポートフォリオを決める軸は「事業」や「職種」「階層」など、人材をタイプ別に分類する軸であれば企業ごとに定義してもかまわないが、ここでは従来の日本的組織を脱却するための人材ポートフォリオ（直接雇用などの前例を払拭した採用方針の立案

図表2-4◉人材ポートフォリオ（例）

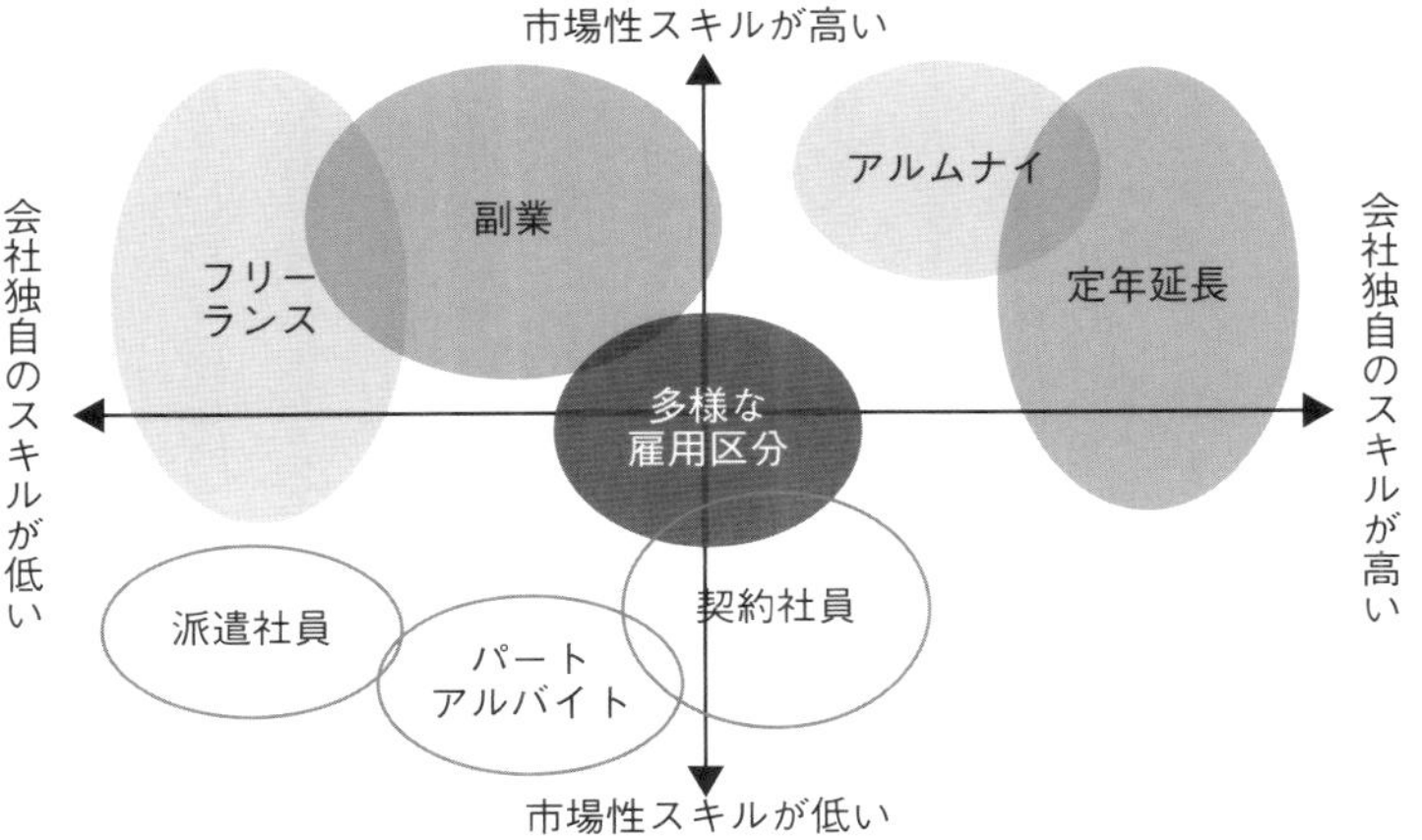

のための人材ポートフォリオ）として、「スキルの市場性」と「スキルの独自性」という二軸でポートフォリオを描くこととする。

「スキルの市場性」とは、組織（企業）が競争優位性を獲得するために必要なスキルが、労働市場において高度な専門性など希少性が高いかどうかで判断する。希少性が高いスキルであれば「市場性スキルが高い」となり、そうでなければ「市場性スキルが低い」と位置づける。「スキルの独自性」とは、組織（企業）が競争優位性を獲得するために必要なスキルが、その組織（企業）固有・独自のスキルかどうかで判断する。他社にない独自技術などであれば「会社独自のスキルが高い」と判断し、そうでなければ（自社以外も人材を保有することができるスキル)、「会社独自のスキルが低い」という判断になる。

まず、スキルの市場性が低い場合の人材の確保は、必ずしも正社員でなくてもよいと考えることができる。そのなかでも、会社独自のスキルが求められる場合には、契約社員などの雇用形態が望ましい。逆に、会社独自性の低いスキルが求められる場合は、パート・アルバイトなどの雇用形態や、派遣社員などの「雇用しない人材確保」も考えられる。

次に、スキルの市場性が高い場合の人材獲得については、労働市場にターゲットとなる人材が少なく、仮に見つかったとしても、自社の労働諸条件に合わなければ採用できない。そのため、「副業の禁止」や「毎日通勤して出社できること」「将来的な転勤が可能であること」など、企業側の都合による労働諸条件を除外する検討も必要となるだろう。

定年延長

スキルの市場性が高く、なおかつ会社独自のスキルが求められる場合は、「定年延長」による人材確保が考えられる。通常、市場性スキルと会社独自のスキルがともに高い人材は、正社員で入社して長期的にキャリア形成を図りながら、スキルを獲得していく。そのため非常に、時間と費用と手間がかかっている。そうしてせっかく育てた人材が、定年という年齢を理由に去っていくのは、自社の競争力を弱めてしまう原因となる。そこで、定年を延長し、市場性・独自性の高いスキルを持った人材を長期的に確保しておくことを考えなければならない。高年齢者は、意欲があれば現場の第一線で働き続けることも可能であり、継続雇用をすることによって、若年層の育成や人脈の活用、中高年期の社員のモチベーション向上など、さらなる競争力の維持・強化に貢献できる人材でもある。

なお、人材ポートフォリオでいう「定年延長」は、定年退職後に嘱託・契約社員やパート・アルバイトとして引き続き自社で働いてもらう再雇用も含む。ちなみに労働政策研究・研修機構の調査（高年齢者の雇用に関する調査、二〇一九年）によると、六〇歳代前半層（六〇～六四歳）の雇用形態で最も多いのは「嘱託・契約社員」（五七・九パーセント）で、「正社員」（四一・六パーセント）を上回っている。ただし前回調査（二〇一五年）との比較では、正社員が七・四ポイント増加した一方、嘱託・契約社員は二・八ポイント低下しており、高年齢者を正社員として継続雇用する企業が増加している（図表2-5）。

また、六〇歳代前半の継続雇用者の仕事内容については、四四・二パーセントの企業が「定年前とまったく同じ仕事」、三八・四パーセントの企業が「定年前と同じ仕事だが責任は軽い」としており、定年前と一部またはまったく異なると答えた企業は合わせて六・一パーセントにすぎなかった（図表2-6）。従業員規模別に見ると、小規模企業は定年前とまったく同じ仕事を行っている傾向があるのに対し、従業員規模が大きいほど、定年前と内容は同じでも責任の重さが軽くなったり、仕事の内容自体が一部変化したりする割合が高い。

政府は二〇二〇年に「高年齢者雇用安定法」を改正し、六五歳までの雇用確保（定年年齢引き上げ、再雇用・勤務延長制度の導入、定年制度廃止のいずれか）の義務化に加え、企業の努力義務（強制ではない）として新たに七〇歳までの就業機会確保（二〇二一年四月〜）が設けられた（図表2-7）。これは厚生年金（報酬比例部分）の受給開始年齢の段階的引き上げ（六五歳）に加え、少子高齢化の進展で就業者数の減少が危惧されていることも背景にある。厚生労働省の推計によると、日本経済がゼロ成長に近い状態で推移し、女性や高齢者の労働参加が進まない場合、二〇四〇年の就業者数は五二四五万人（二〇一九年比約二二パーセント減）まで減るという（楽観シナリオでは同

図表2-5◉60歳代前半の継続雇用者の雇用形態(複数回答)

	2019年調査	2015年調査
正社員	41.6%	34.2%
嘱託・契約社員	57.9%	60.7%
パート・アルバイト	25.1%	21.7%
出向・転籍(関連会社)	4.7%	3.9%
その他・無回答	13.3%	13.5%

出所:労働政策研究・研修機構「高年齢者の雇用に関する調査(企業調査)」(2016年6月、2020年3月)

図表2-6◉定年前後での仕事の変化(2019年調査)

定年前とまったく同じ仕事	44.2%
定年前と同じ仕事だが責任は軽い	38.4%
定年前と同じ仕事だが責任は重い	0.4%
定年前と一部異なる	5.6%
定年前とまったく異なる	0.5%
その他・無回答	10.8%

出所:労働政策研究・研修機構「高年齢者の雇用に関する調査(企業調査)」(2020年3月31日)

約一〇パーセント減の六〇二四万人）（図表2 - 8）。いずれにせよ日本は高齢化に伴い、これから深刻な働き手・社会の担い手不足に直面することは間違いなく、企業においてもシニア人材の活用は喫緊の課題である。

この「七〇歳就業法（改正高年齢者雇用安定法）」の施行に伴い、定年や再雇用上限年齢の延長、または定年制を廃止する企業が相次いでいる。例えば、家電量販店のノジマ（横浜市西区）は二〇二〇年、最長八〇歳まで就労を認める制度を新たに導入した。定年時（六五歳）の健康状態や勤務態度、職務遂行能力などを勘案し定年再雇用契約を締結。臨時従業員（雇用期間は原則一年）として八〇歳まで延長できるという。また住友林業（東京都千代田区）は二〇二〇年から定年を「満六五歳年度末」（従来は満六〇歳年度末）へ引き上げるとともに、ライフプランに合わせて六〇～六五歳で定年を選べる「選択型定年制度」を導入。定年を早めて勤務地や勤務時間の融通が利く再雇用社員（六〇～六五歳）へ転換することも可能にした。併せて、技術系有資格者などの専門人材を七〇歳まで継続雇用する「シニア人財バンクセンター制度」の雇用上限年齢を撤廃した。

また、定年後再雇用の給与水準は現役時代よりも大きく下がるのが一般的だが、定年前と同じ処遇で再雇用し、七〇歳まで継続雇用する企業もある。システム開発大手

図表2-7◎高年齢者就業確保措置（2021年4月～）の概要

65歳までの雇用確保〈義務〉

＜いずれかを選択＞	実施企業数（構成比）※
65歳へ定年を引き上げ	4297社（2.7%）
65歳までの継続雇用制度（再雇用・勤務延長）の導入	3万1319社（19.4%）
定年制度の廃止	12万5501社（77.9%）

＋

70歳までの就業確保〈努力義務〉

＜いずれかを選択＞

- 70歳へ定年を引き上げ
- 70歳までの継続雇用制度（再雇用・勤務延長）の導入
- 定年制度の廃止
- 70歳まで継続的に業務委託契約を締結する制度の導入（高年齢者が希望する場合）
- 70歳まで継続的に社会貢献事業に従事できる制度の導入（高年齢者が希望する場合）

※従業員数31人以上の企業

出所:厚生労働省「高年齢者雇用安定法改正の概要」「高年齢者の雇用状況集計結果（2019年）」より
タナベ経営作成

図表2-8◎平成の30年間と2040年にかけての社会の変化（一部抜粋）

			1989（平成元）年	2019（令和元）年	2040（令和22）年
高齢者数（高齢化率）			1489万人（12.1%）	3589万人（28.4%）	3921万人（35.3%）
その年に65歳の人が各年齢まで生存する確率		90歳	男22%/女46%	男36%/女62%	男42%/女68%
		100歳	男2%/女7%	男4%/女16%	男6%/女20%
出生数/合計特殊出生率			125万人/1.57	87万人/1.36	74万人/1.43
就業者数			6128万人	6724万人	5245万～6024万人
就業率	女性	25～29歳	57.3%	82.1%	84.6%
		30～34歳	49.6%	75.4%	83.4%
	高齢者	60～64歳	52.3%	70.3%	80.0%
		65～69歳	37.3%	48.4%	61.7%

出所:厚生労働省「厚生労働白書（2020年版）」（概要）

のＴＩＳ（東京都新宿区）は、定年（六五歳）から七〇歳まで、基本給や賞与、人事評価、勤務制度などの処遇を正社員と同様に扱う再雇用制度（年度ごとの有期雇用）を導入した（二〇二〇年四月）。重電機器大手の明電舎（東京都品川区）も、二〇二〇年より全社員の定年を六〇歳から六五歳へ引き上げるとともに、従来の人事評価制度をスライドさせることで六〇歳以降の報酬水準を大幅に引き上げた。さらには、定年以降も嘱託社員として継続勤務できる制度（「エルダー制度」）の雇用年限を七〇歳から七五歳に延長し、報酬水準も従来より引き上げた。子会社の人材派遣会社（明電マスターパートナーズ）に転籍し、短日・短時間勤務を選べる制度も導入し、社員の柔軟な働き方に対応している。

政府は将来的に、〝七〇歳定年制〟の義務化を視野に入れているとされる。企業は「人生１００年時代」に伴う就労期間の延伸を見据え、シニア人材の知識やスキルを棚卸しするとともに、キャリア形成支援や活躍の場づくりなど、シニア層の戦略的活用を考えていく必要がある。

アルムナイ

定年延長に次いで、スキルの市場性が高く、なおかつ会社独自のスキルを持った人材の獲得方法として、「アルムナイ」がある。アルムナイ（alumni）とは、卒業生・同窓生などの意味がある。人事領域においてアルムナイという言葉を使うときには「退職者」として使われる。

日本では古くから、大手企業を中心に福利厚生の一環で「社友制度」が存在し、定年退職者や勤続一〇年以上在籍者、役員経験者を「〇〇社友会」「□□OB／OG会」などの名称で組織化してきた。ただし、目的はあくまで退職者同士の親睦であり、活動内容は同好会の開催やバス旅行、会誌の発行や会員向けホームページの運営などが主である。景気が悪くなると会員は率先して会社の商品を購入し、知人にも薦め、元役員の幹事らが現経営陣にハッパをかけるなど〝会社公認の私設応援団〟として運営されることが多い。

近年、こうした退職者も組織の競争力を維持・向上するための人材として活用していこうという考えが広まり、一度退職した社員を再雇用する「アルムナイ採用」が注目され始めている。以前から出産や育児・介護、配偶者の転勤など特別な事情で退職した元社員を再雇用する企業は少なくなかったが、アルムナイ採用では、他社へ転職した元社員の〝出戻り〟を認めているのが特徴である。

これまで多くの企業は、入社前は内定者として、入社後は正社員として信頼関係の構築に力を入れてきた。しかし、退職者（特に転職や独立・開業した元社員）については、従来の日本的組織において「部外者」「裏切り者」として見られ、関係構築どころか、関わることさえ許されない雰囲気もあった。だが、終身雇用という考え方は最近の労働者の価値観と合わなくなっており、人材の流動化が起き、ＳＮＳの浸透などにより社員と退職者が個人的なつながりを持ち続けることが容易になってきた。そうしたなかで、企業（在籍していた組織）が退職後もアルムナイ（元社員、卒業生）との関係構築を図り、自社の競争力を支える人材として採用ターゲットにしていくという取り組みが進んでいる。

例えば、菓子・乳業大手の明治（東京都中央区）は、三年以上の勤務経験がある元社員の再就職を受け付ける制度（リ・メイジ制度）を新設し、二〇二〇年四月から自社の専用サイトを通じて募集を始めた。飲料大手のサントリー（大阪市北区）も、四五歳以降に転職・起業した元社員が退職後三年以内に復職できる制度（カムバック制度）を導入した（二〇二〇年四月）。また化学繊維大手クラレ（東京都千代田区）は、退職した元社員を積極的に採用する制度を新設したほか（二〇一九年九月）、復帰を後押しする仕組みとして、退職した元総合職社員と同社が情報交換できるSNSシステムも導入した。同社は、SNSを通じて退職者に求人情報や社内トピックスなどの情報を提供して交流を継続、退職者が再入社を希望する場合はSNSでその旨を人事担当者に伝えることができる。

さらに、退職者に対して人材教育を行う企業もある。インターネット広告を中心としたデジタルマーケティング事業を手がけるセプテーニ・ホールディングス（東京都新宿区）は、継続的に退職者の人材育成・キャリア形成を支援して、グループ情報の共有やビジネスパートナーシップの締結などを行う「セプテーニグループ・アルムナイネットワーク」を構築している（二〇一八年）。同社を退職して雇用関係が解消された後でも、一職業人として成功するための個別教育プログラムやキャリアカウンセリングサービスを定期的に提供するなどして、よきパートナーとして退職者との長期的なエンゲージメント（絆）を継続している。同社はこうした取り組みによってアルムナイのネットワークと良好な関係を構築し、結果として将来的なビジネスパートナー

図表2-9◉アルムナイ採用実施率/実施理由

〈採用実施率〉

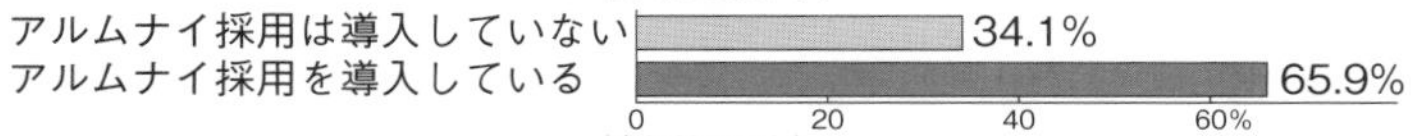

〈実施理由〉

	全体	従業員数		
		60人未満	60～299人	300人以上
社内の仕事内容に関する知識や理解がある	35.0%	25.3%	34.2%	43.1%
過去に社内で実績があり活躍が見込める	32.5%	23.2%	32.0%	40.1%
社内の人間関係や理念・社風に理解がある	29.9%	21.6%	27.3%	37.8%
退職後の経験やスキルが自社に生かせる	21.8%	15.6%	18.2%	28.6%
人となりが把握できており選考の精度が高まる	20.6%	14.1%	17.5%	27.4%
本人が復帰したいという意欲が強かった	16.9%	15.1%	16.7%	18.4%
通常では人材確保が難しく、とにかく人手を増やしたかった	16.6%	11.2%	16.0%	21.3%
コストを抑えて採用したかった	8.2%	6.8%	8.7%	9.0%
社内から強い推薦があった	8.1%	4.2%	8.0%	11.2%

出所:マイナビ「マイナビ 中途採用状況調査2020年版」（2020年3月11日）よりタナベ経営作成

シップや再雇用などにつなげていきたい考えだ。

就職情報サイト大手のマイナビ（東京都千代田区）が実施した調査（図表2-9）によると、アルムナイ採用の実施率は六五・九パーセントに上っており、円満退職者であれば経験値や能力次第で復職を認める流れが生まれつつある。一方、従業員数三〇〇人以上の企業は実施率が八〇パーセントに達しているのに対し、六〇～二九九人の企業は六五・八パーセント、六〇人未満の企業では四七・九パーセントと、企業規模が小さくなるほど実施率は下がる傾向にある。つまり人材不足に悩まされている中小企業ほど、即戦力となり得るアルムナイを重視していないことになる。中小企業の多くは社内のメンバーや人間関係が固定化しているため、「出戻り」に嫌悪感を抱く傾向が強いと見られる。

この調査からアルムナイ採用の実施理由を見ると、「社内の仕事内容に関する知識や理解がある」が最も多く、次いで「過去に社内で実績があり活躍が見込める」「社内の人間関係や理念・社風に理解がある」「退職後の経験やスキルが自社に生かせる」などが続く。アルムナイであれば、スキルの市場性が高く、なおかつ会社独自のスキルを身につけており、自社の競争力を支える人材としての活躍が期待できるため、積極的な活用が進み始めているのである。

また、アルムナイ特化型のSNSサービスを運用し、前述のクラレやセプテーニのシステム提供会社であるハッカズーク（東京都新宿区）の調査によると、退職者とつながりを持っている、あるいは今後持ちたいと考えているビジネスパーソンは九〇パーセントに達しており（図表2-10）、さらに八四パーセントが「つながってよかったことがあった」と回答した。大半のビジネスパーソンは何らかの形でアルムナイとの関係継続に肯定的である。

現在、日本においては雇用の流動化が進んでおり、二〇一九年には転職者数が過去最多となる三五一万人を記録した（図表2-11）。人手不足を背景に企業が積極的な中

図表2-10◉アルムナイ（退職者）のなかに、現在もつながっている、あるいは今後つながりたいと思う人はいるか

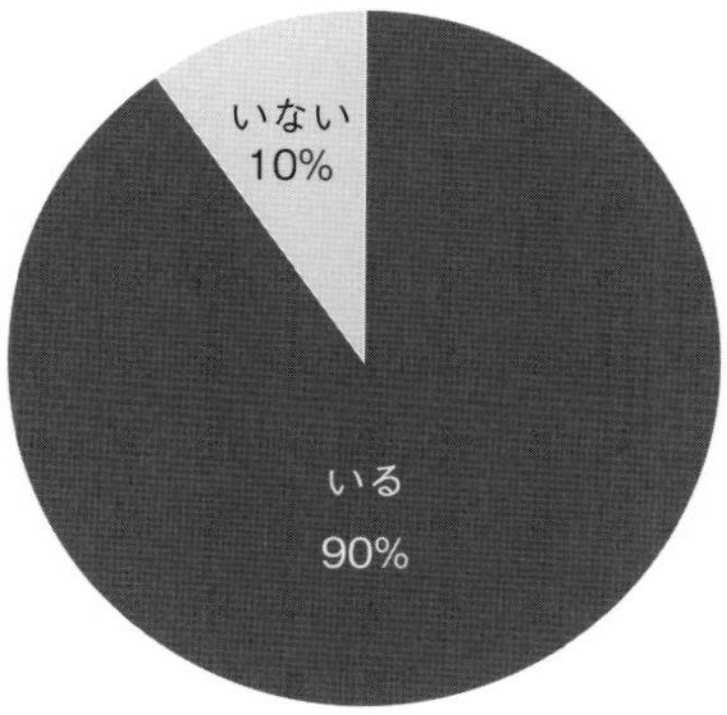

出所：ハッカズーク／プレスリリース（2019年6月5日付）

図表2-11◉転職者数の推移

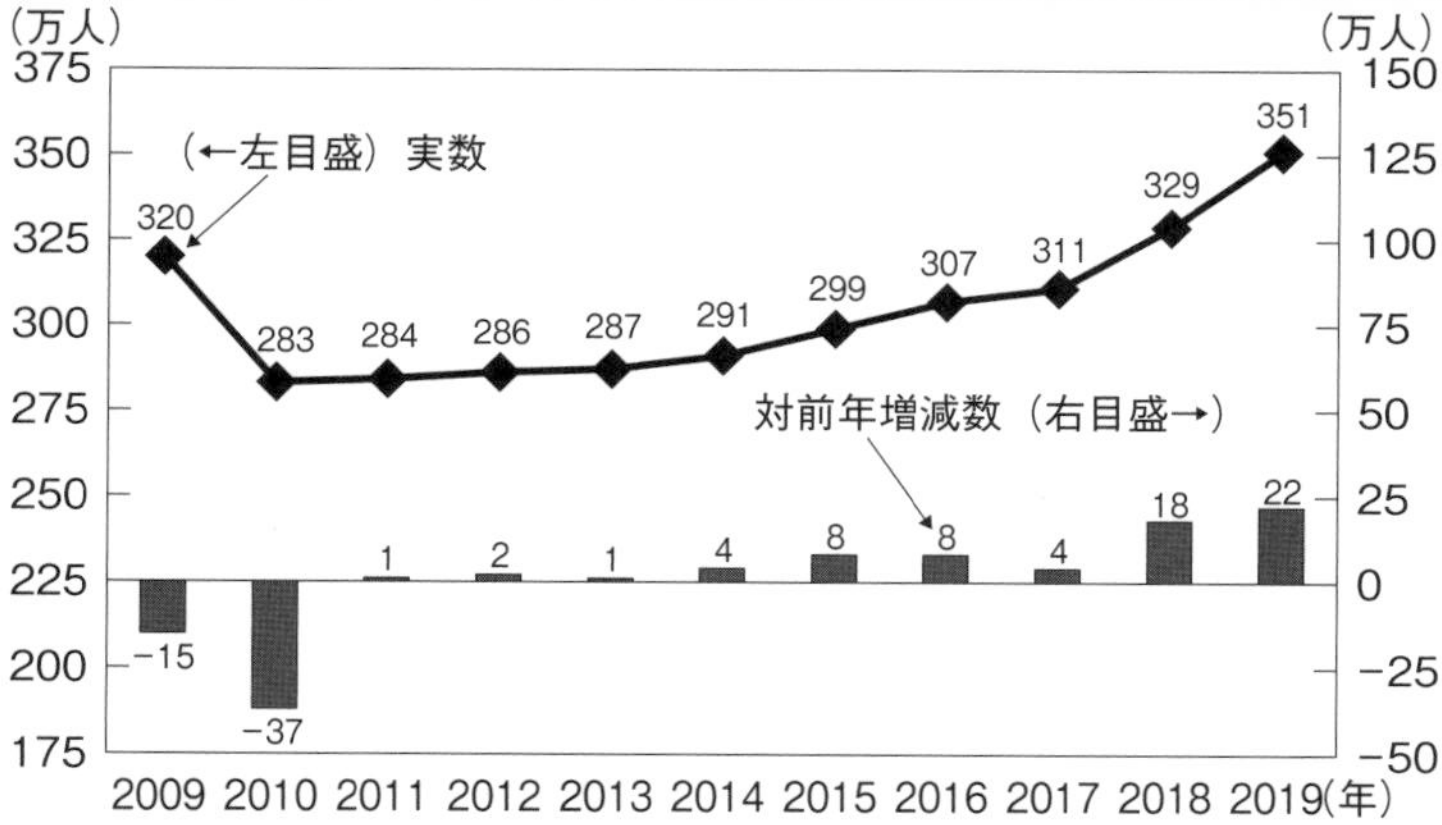

出所：総務省統計局「労働力調査（詳細集計）2019年（令和元年）平均（速報）」（2020年2月14日）

図表2-12◉アルムナイの効果

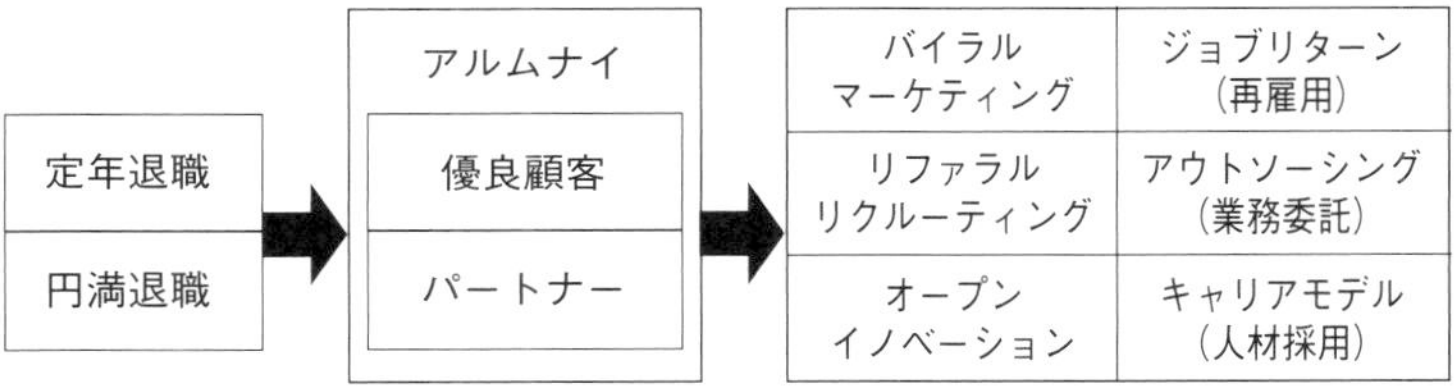

途採用を行ったほか、政府が生産性向上を目的に、政策の軸足を雇用維持から「円滑な労働移動（低収益産業・企業から高収益産業・企業へ労働力をシフト）」に変えたことも要因の一つである。二〇二一年四月からは従業員数三〇一人以上の企業に「中途採用比率（正社員数に占める中途採用の割合）」の公表が義務づけられ、中途採用・経験者採用の拡大と通年採用の促進が見込まれている。一方、雇用の流動化の加速に伴い「退職による損失」が拡大すると見られることから、OB・OG人材を組織化して良好な関係を構築し、再雇用へとつなげるアルムナイ採用の重要性がさらに増すだろう。

　アルムナイは何らかの理由があって転退職しているため、働き方などを協議した結果、必ずしも直接雇用とは限らないことも特徴である。雇用に至らなくても、例えば、自社の顧客や個人事業主としてビジネスパートナー（業務委託）になってくれる、自社製品・サービスのモニターとして口コミを広げてもらう（バイラルマーケティング）、有望な人材を紹介してもらう（リファラルリクルーティング）、または退職後の活躍ぶりを新卒採用で活用して自社の魅力度を上げるというブランディング効果も期待できよう。いずれにせよ、正社員以外の雇用形態・関わり方を考えていくことも必要である（図表2‐12）。

副業

スキルの市場性が高いものの、自社固有のスキルではない場合、「副業」（兼業・複業）という人材の活用が考えられる。ここでは、「他社で市場性の高いスキルを保有しており、副業できる人材」（または「副業により外部からスキルを新たに獲得した自社の社員」）を活用することを意味している。副業とは、特定の企業・団体で働きながら（本業）、勤務時間外にほかの企業・団体の仕事に従事して収入を得ることをいう。ちなみに「兼業」「複業」など似た言葉があり、明確な定義の違いはないが、本業の片手間に行うものを副業、本業に近い労力を要するものが兼業、複数の本業をかけもちするものは複業と呼ぶのが一般的なようである（ここでは表記を副業に統一する）。

こうした副業は世界的にも新しい働き方として注目されている。例えば、ロンドン・ビジネス・スクールのリンダ・グラットン、アンドリュー・スコット両教授による共著『ＬＩＦＥ ＳＨＩＦＴ（ライフ・シフト）』（池村千秋訳、東洋経済新報社）では、長寿命化による「人生１００年時代」の働き方として「ポートフォリオワーカー」が登場する。前述したように〝ポートフォリオ〟とは、リスクヘッジのために金融資産を分散投資し、資産形成・運用の最適化を図る手法。それと同様に、複数の仕事（職業）を組み合わせることで、景気変動による減給・解雇やＡＩ導入に伴うキャリア崩壊といったリスクを最小化していくという働き方である。

世界最長寿国で労働力人口の減少に直面する日本においては、近年、副業の容認・解禁の動きが進んでいる。政府は二〇一七年に残業上限規制や同一労働同一賃金、副業普及などを盛り込んだ「働き方改革実行計画」を決定。二〇一八年には「モデル就業規則」を改定し、労働者の順守事項から「許可なくほかの会社等の業務に従事しないこと」という規定を削除するとともに、副業の規定を新設した。またガイドラインを作成して副業のルールを明確化した。二〇二〇年のコロナ禍による業績悪化と給与削減の影響もあり、社員の収入補填のため副業を容認・解禁する企業が増えつつある。

働く人においても、働き方改革による残業手当減少や新型コロナ禍で広がる雇用不安、また年金減額と長寿命化を見据えた老後不安などにより、生活設計を立てるうえ

図表2-13◉働く人の副業希望度

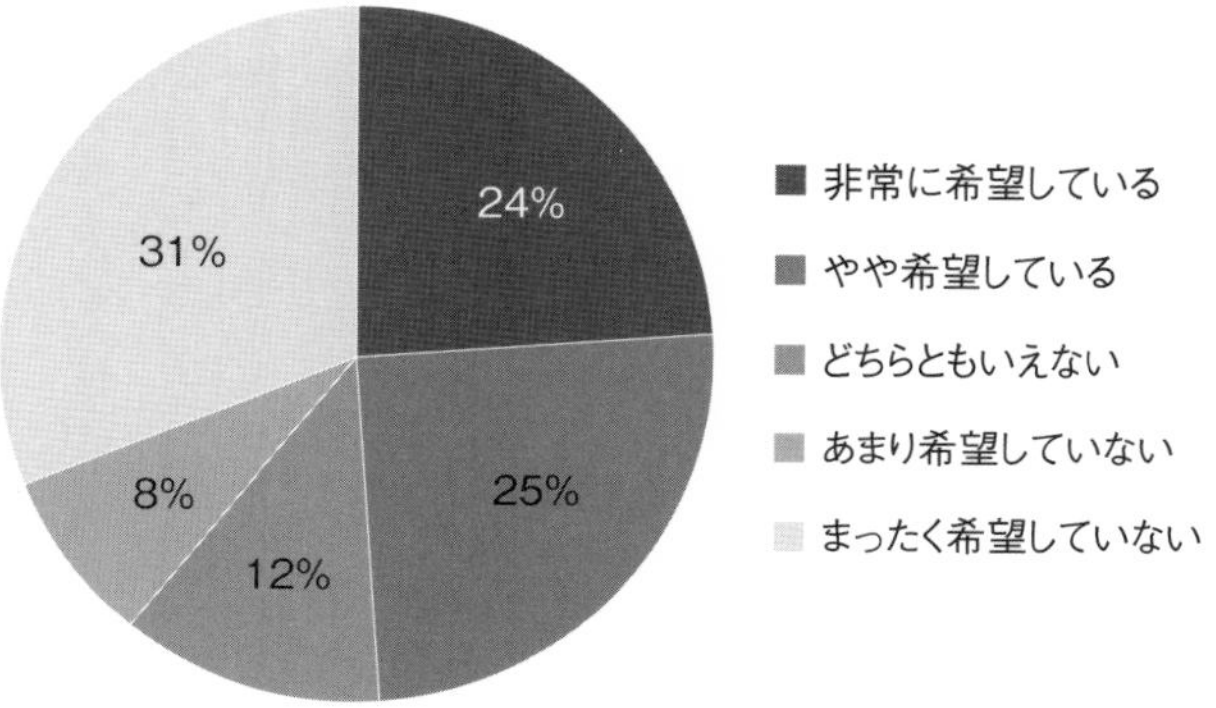

出所:エン・ジャパン「『副業』実態調査」(2020年10月12日)

で、本業とは別に副収入源を確保したいというニーズが高まっている。人材サービス会社のエン・ジャパン(東京都新宿区)が転職サイト「エン転職」利用者六三二五人に行った調査(二〇二〇年七~九月実施)によると、副業を希望している人が四九パーセント(「非常に」「やや」の合計値)と約半数に上っている(図表2-13)。

ただし、企業にとって社員の副業解禁は、仕事のかけもちによる過重労働や社内情報の漏えい、本業での職務怠慢といったリスクが伴う。特に、少数精鋭主義で社員の帰属意識を重視する中小企業は認めがたいであろう。とはいえ、(競合他社での副業は論外だが)自社の社員が異業種分野や社会貢献活動などで行う副業にはメリットもある。

社員が他社での就労から新たな知識や経験、人脈を得て、自社の事業に還元するといったことだ。実際、欧米企業ではダブルワーカー（副業従事者）が社内で新規事業を立ち上げ、大きく成長した事例も多いと聞く。さらに、会社が副業を容認することで社員の定着率向上が見込まれるほか、副業によって自律性が養われ、経営者感覚を持つ人材の育成につながるといった副次的効果も期待できよう。

現在、「働き方改革」の進展やテレワークの普及に伴って労働形態の多様化や就労時間の弾力化が進むなか、社員の能力向上やスペシャリスト確保に向け、副業を容認する動きが広がっている。例えばロート製薬（大阪市生野区）は二〇一六年、他社に先駆けて副業を認める「社外チャレンジワーク制度」を制定した。これは、常識の枠を超える発想力と行動力を持つ社員の育て方を議論する社内プロジェクトで生まれた。本業に支障を来さない条件を満たした社員（入社三年目以上）の副業を容認（許可ではなく届出制）するもの。一方、自己成長を目的に本人が希望した場合、社内での副業・兼業（部門兼任、例えば生産部門の社員が営業部門をかけもちするなど）を認める「社内ダブルジョブ制度」も運用している。

なかには「専業禁止」を掲げる企業もある。オンラインショッピング事業や人材マッチングサービスを手がけるエンファクトリー（東京都渋谷区）は二〇一一年の創業以来、全社員に副業（パラレルワーク）を奨励している。〝禁止〟とはいうものの、副業を強制しているわけでなく、社員の六割以上が副業を実施しているという。事前申請は求めず、半年に一度、発表会（同社では「エンターミナル〈en Terminal〉」と呼んでいる）を開催して、自身の副業の取り組み成果を全社員に周知する機会を設けている。同社のパラレルワーカーは、防災専門家やＷｅｂライター、犬用の手づくりグッズ販売など多彩な分野で活躍している。

逆に、他社で働いている優秀な現役人材を「副業社員」として自社に取り込み、積極的に活用している企業もある。ポータルサイト「Ｙａｈｏｏ！ＪＡＰＡＮ」を運営するヤフー（東京都千代田区）は、二〇二〇年に約一〇〇人の副業人材（ギグパートナー）を募集、四五〇〇人以上の応募者から一〇～八〇歳までの計一〇四人（「事業プランアドバイザー」九一人、「戦略アドバイザー」一〇人、「テクノロジースペシャリスト」三人）を選出した。また、ユニリーバ・ジャパン（東京都目黒区）も同年に、いつでもどこでも誰でも同社での副業やインターンシップにチャレンジできるプラットフォーム「ＷＡＡＰ（Work from Anywhere & Anytime with Parallel careers）」で副業人材の募集を開始した。

最近はこうした流れを受け、テレワークで働く首都圏の副業人材を、地方の企業が経営戦略立案やマーケティングで活用するケースも増えつつある。

例えば、地方のある企業がマーケティング調査を実施したいと考えたものの、社内にマーケティングの専門家がいない。長期的な調査ではなく、短期的な調査であったため、正社員で採用することもしたくなかった。そこで、一時的にこのマーケティング調査を引き受けてくれる人材を探すなか、東京都心のメーカーで営業部門のマネジャーを務めている五〇歳代の男性と出会った。

彼は管理職になった後は、プレーヤーとして現場での実務を持つことはなく、管理業務がメインで、土日の時間や空き時間を使って、自分のスキルを生かしたいと思っていた。彼が勤めている会社も「副業解禁」と先進的な取り組みを行っていたこともあり、この地方企業の社長は東京都心で働く彼に、数カ月間のマーケティング調査を依頼したのである。出社する必要はなく、東京からその地方企業へ成果を報告することで関係は成り立っている。営業マネジャーの彼にとっては副業で自分のスキルを生かせることでモチベーションが上がり、地方企業の社長にとっても、地方では出会えない優秀な人材に期間限定で働いてもらえることになり、双方にメリットがあったのである。

従来の日本型組織の特徴であった「副業の禁止」や「毎日出社」という慣習さえ払

拭できれば、副業している人材も自社の競争力を支える人材として獲得することができるのである。

フリーランス

そして最後に、スキルの市場性が高いものの、会社独自のスキルでない場合の人材確保のターゲットとして「フリーランス」が挙げられる。

フリーランスとは、会社や団体などに所属せず、仕事に応じて自由に契約する人(または特定の組織に属しているが本業以外から収入を得ている人)のことである。中世ヨーロッパで、契約により有力者に仕えた騎士をフリーランス(当時の武器は槍＝lance)と呼んだことが語源という説もある。社会保険料の負担が生じる雇用契約ではなく、彼ら・彼女らと業務委託契約を結び成果を出してもらうことで、競争力人材を確保するという方法もある。

フリーランスの定義としては、特定の企業に所属しながら生活費の補助を目的に週のうち数時間を副業に充てるタイプ(副業系すきまワーカー)、複数企業と契約・所属

図表2-14◉フリーランスの定義（四つのタイプ）

	副業系 すきまワーカー	複業系 パラレルワーカー	自由業系 フリーワーカー	自営業系 独立オーナー
人口	409万人 （40%）	281万人 （27%）	56万人 （5%）	289万人 （28%）
雇用有無	有	有	無（個人事業主）	法人経営者
定義	常時雇用されているが、副業としてフリーランスの仕事をこなすワーカー。	雇用形態に関係なく、2社以上の企業と契約ベースで仕事をこなすワーカー。	特定の勤務先はなく独立したプロフェッショナル。	法人経営者で、1人で経営をしているオーナー。

出所：ランサーズ「フリーランス実態調査2020年版」（2020年4月7日）

して自分の特技やスキルを生かして働くタイプ（複業系パラレルワーカー）、特定企業・組織に所属せず働くタイプ（自由業系フリーワーカー）、スキルや資格・顧客資産を糧に長く自活している独立したプロフェッショナル（自営業系独立オーナー）など大きく四つがある（図表２‐14）。クラウドソーシング大手のランサーズ（東京都渋谷区）によると、副業者を含む広義のフリーランスの国内人口は一〇三五万人（二〇二〇年）と全人口の一五パーセントを占めている。二〇一五年（九一三万人）から五年間で約一二〇万人増加し、フリーランスの経済規模（推計値）は一七・一兆円に上るという。二〇三〇年には人口が約二〇〇〇万人、経済規模は約四〇兆円に達すると予測されている（ランサーズ調べ）。

いずれにしても、従来の日本型組織の慣例であった「終身雇用」や「副業禁止」「毎日出社」などは、経営目的と外部環境の変化に応じて見直していき、自社の競争力を支える人材をポートフォリオで整理することで、「直接雇用しない」という新しい雇用に対する考え方を持つことが今後の人材採用の方針となっていくだろう。

新型コロナウイルスが及ぼした採用への影響

二〇二〇年、新型コロナウイルス感染症の拡大を機に在宅勤務やテレビ会議が一気に普及し、企業活動のあり方が一変した。重要な経営課題である「人材採用」も例外ではない。二〇二一年三月卒生の求人倍率が一・五三倍と一〇年ぶりのマイナス幅（前年比〇・三ポイント低下）となったほか、景気急減速に伴う採用中止や募集枠の減少などにより内定率が六九・八パーセント（同七ポイント低下、二〇二〇年一〇月時点）と五年ぶりに七割を下回った（図表２-15）。下落幅はリーマン・ショック直後の二〇〇九年（七・四ポイント低下）に次ぐ過去二番目の大きさだった。

図表2-15◉大卒求人倍率と就職内定率（各10月1日時点）の推移

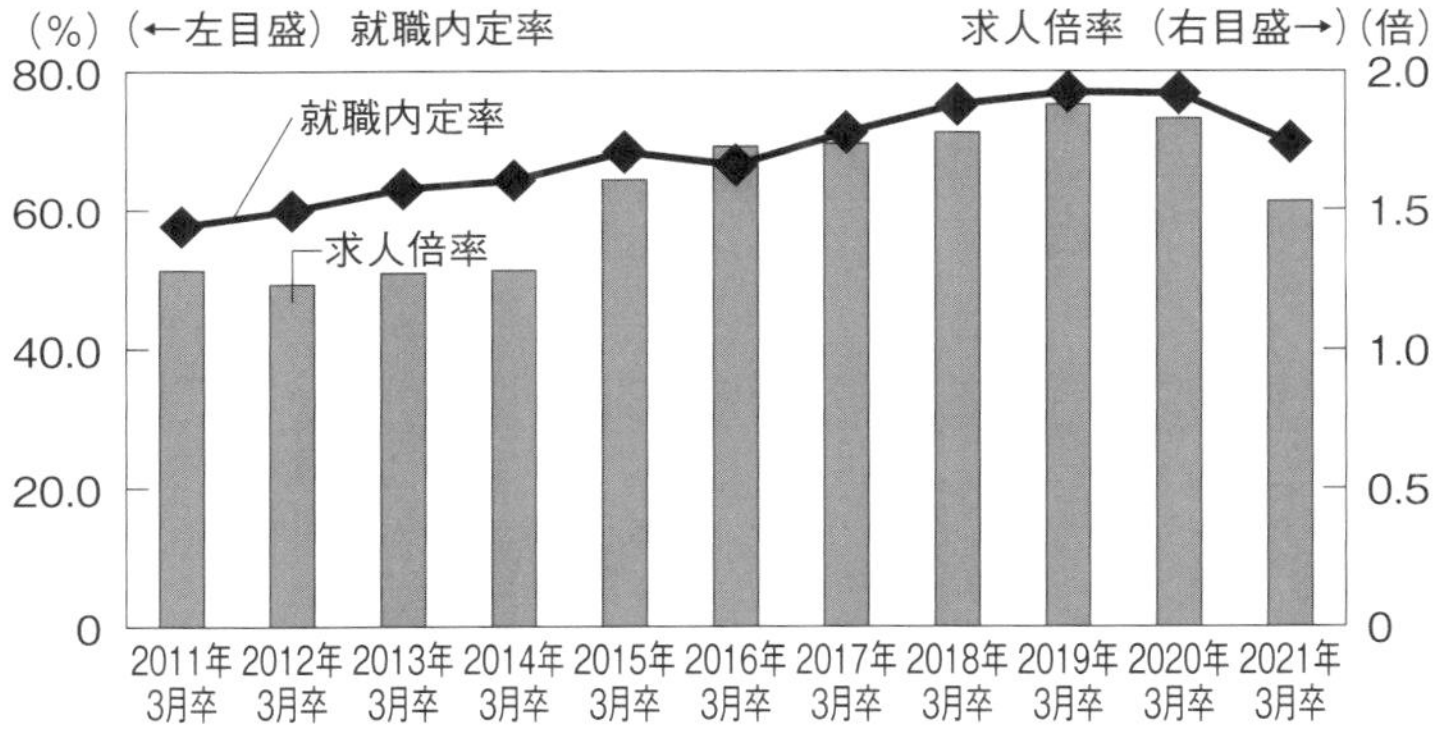

出所：文部科学省・厚生労働省「令和2年度大学等卒業予定者の就職内定状況（10月1日現在）」（2020年11月17日）、リクルートワークス研究所「第37回 ワークス大卒求人倍率調査（2021年卒）」（2020年8月6日）

新型コロナウイルスの感染拡大と企業の採用活動時期のタイミングが重なったこともあり、募集活動を継続した企業各社は、対面接触を避けるため緊急措置的にオンライン化を急いだ。これまで当たり前とされてきた「採用活動の常識」（直接対面による面接、求職者を一堂に集める合同会社説明会などの就活イベント開催）では対応できないことが明確になり、新卒・中途を問わず採用現場ではＷｅｂを活用した採用手法の導入、「三密（密集、密接、密閉）」を避ける応募者へのアプローチ、広告ツールの運用など、ありとあらゆる面において変化を強いられた。

図表2-16◉オンラインによる採用活動実施状況（n=1220社）

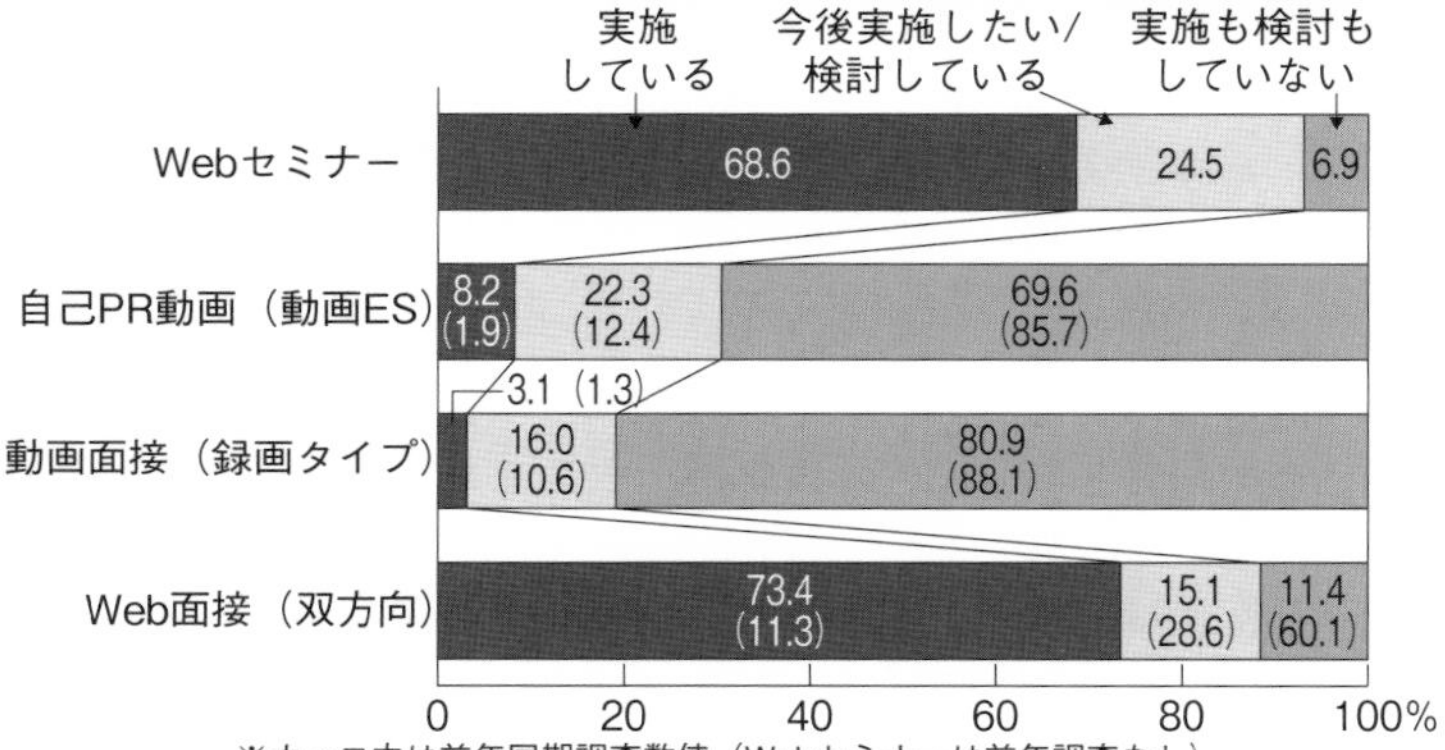

※カッコ内は前年同期調査数値（Webセミナーは前年調査なし）

出所:ディスコ／キャリタスリサーチ「新卒採用に関する企業調査（2020年10月調査）2021年卒採用 内定動向調査/2022年卒採用計画」（2020年10月16日）

◎コロナショックによる企業の採用活動の変化

①会社説明会・採用面接・内定フォローまでの急速なオンライン化

②新規チャネルの活用（ダイレクトリクルーティング、リファラルリクルーティングなど）

③Webを活用した採用ブランディング強化

就職情報大手のディスコ（東京都文京区）が全国一二二〇社に行った調査（**図表2-16**）では、二〇二一年卒採用においてWebセミナーを実施した企業は約七割（六八・六パーセント）に達し、「実施も検討もしていない」は一割未満にすぎなかった。

自己PR動画や動画面接の実施企業は二〜三割にとどまるが、「実施している」「今後実施したい（検討中を含む）」ともに増加傾向にある。また、ビデオ会議システム「Ｚｏｏｍ（ズーム）」などを活用したＷｅｂ面接の実施率は七三・四パーセント（前年調査は一一・三パーセント）と大幅に増加した。今後もこうしたオンラインを積極的かつ戦略的に活用する動きは広がっていくと見られ、デジタルによる人材採用が「新しい常識」（ニューノーマル）として定着していくと考えられる。

採用のオンライン化は必須

企業各社はオンラインでの説明会や面接に取り組んでいるが、これまでリアルに行っていた説明会や面接を、ただオンラインへ切り替えただけのところが多い。応募者側からすると「頭ではわかるが、気持ちは伝わらない」というのが正直な感想であろう。企業側としても、オンラインだけでは自社のよさや雰囲気などが伝えきれず、また学生の志望度の見極めも難しいと感じている（図表2 - 17）。

そこで、Ｗｅｂ説明会後に個別の対話時間を設けるなどの工夫によって距離感を解

図表2-17◉オンラインによる採用活動の課題として感じているもの（複数回答）

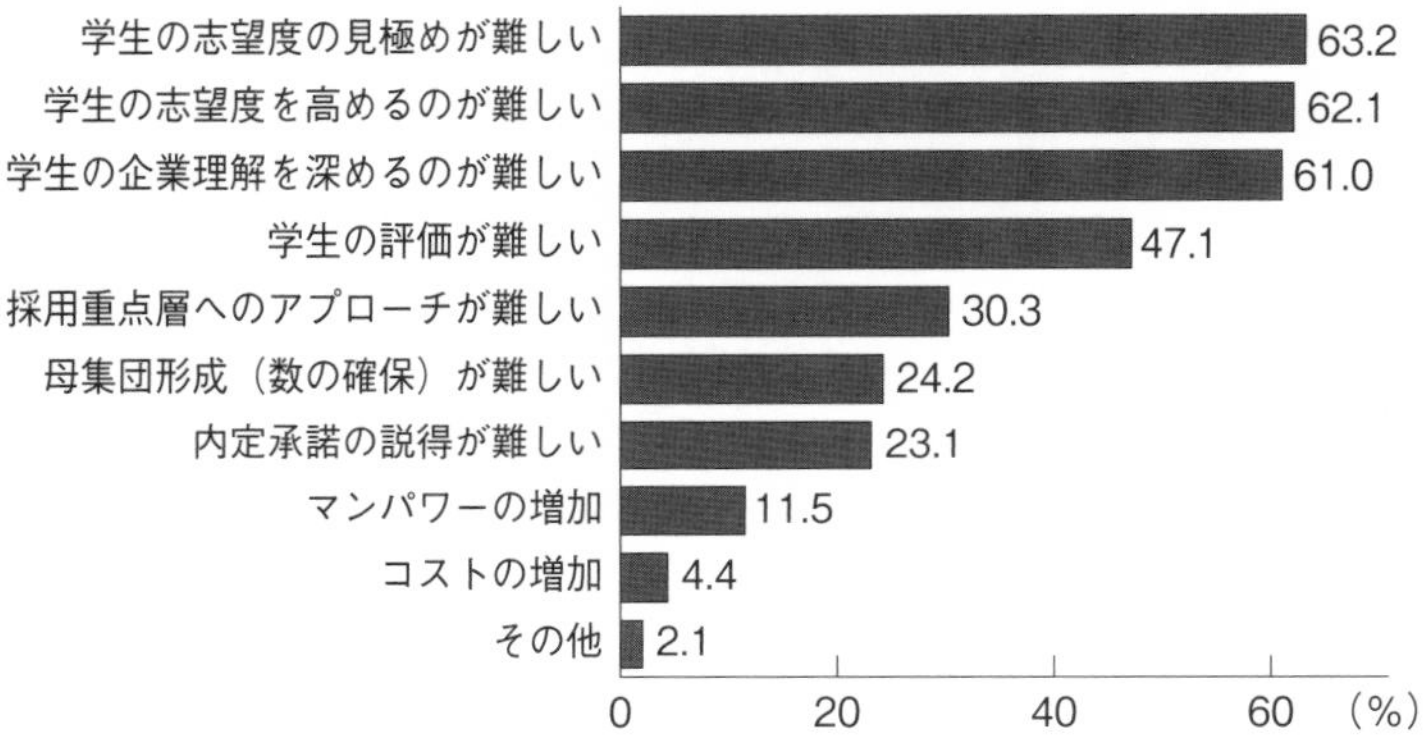

出所:ディスコ／キャリタスリサーチ「新卒採用に関する企業調査（2020年10月調査）
2021年卒採用 内定動向調査/2022年卒採用計画」（2020年10月16日）

消している企業がある。中堅専門商社Ａ社においては、Ｗｅｂ説明会後に参加者を小グループに分け、三人程度と個別に会話をする時間を設定し、一〇～一五分ほどの質疑応答時間を設けている。そうすることによって、双方向の対話機会ができ、距離を縮めている。今後は、採用チーム専用のスマートフォンも用意し、個別で容易に相談ができる体制もつくっていきたいと考えているとのことである。

企業側の採用担当者にとっては、ビジネスで電子メールを活用することは当たり前だが、学生はメールソフトを立ち上げたり、ビジネス文書のマナーを守ったメールを送ることに心理的なハードルを感じ、返信が億劫になってしまったり、気軽に相談ができない。そのため学生視点に立ち、若者が日ごろ使い慣れているツールを積極的に導入すべきだろう。

新たな採用チャネルの開拓

新卒・中途を問わず、新たな採用手法として「ダイレクトリクルーティング」を導入する企業が、近年増加している。ダイレクトリクルーティングとは、企業が求職者へ直接アプローチをする採用手法。従来の採用手法では、求人サイトに広告を掲載した後、もしくは人材紹介会社に依頼をした後は、応募や紹介があるまで「待つ」しかなかった。一方、ダイレクトリクルーティングは、企業が自社にマッチする求職者を自ら探してアプローチする「攻め」の採用である。

新型コロナウイルスの感染拡大により、有効求人倍率が下がったとはいえ、感染が収束に近づき業務量が回復すると、多くの業界・業種で再び人手不足に陥る可能性が高い。労働力人口が長期にわたって減少していくという事実は変わらないからだ。収束に向かう過程で採用活動を成功させるためには、新卒者（就活生）だけではなく、転職を現在考えている層、または機会があれば転職したいと考えている潜在層へのアピールも必要になる。とはいえ、求職者はすべての求人広告を見て回ることができない。一方、企業は求める人材を計画通りに採用できない状態が続くと、求人広告を出し続けることで費用もかさんでくる。求人サイトは採用の成否にかかわらず、広告の掲載自体に費用がかかる。人材紹介の場合は成功報酬費用も加算されるため、費用が割高になる可能性がある。

そのため、企業側が発信方法を変え、求める人材へ直接アプローチし、コミュニケーションをとる手法へ切り替えたほうが効率はよい。そこで採用コストを抑えつつ、自社の戦略に合った人材を採用できる可能性が高いダイレクトリクルーティングが注目を集めている。ただし、この手法の存在自体は理解しているものの、中小企業においてはまだまだ導入に踏み切れない会社も多い。

ダイレクトリクルーティングを成功させるためには、情報発信を工夫する必要がある。自社がどのような価値を世の中に提供する企業なのか、どのようなビジョンを描き、どのような人材を求めているのか。職場環境、処遇、福利厚生なども含めて発信し、求職者の応募意欲を高めていかなければならない。その代表的なツールが、自社ホームページ（コーポレートサイト）である。

コーポレートサイトの再構築は、ブランディングやマーケティングの観点から進められていることが多いが、採用ブランディングの観点から採用サイトを独自に構築している中小企業は少ない。また、すでに採用専用サイトを立ち上げていても、情報が更新されていない、動画などのコンテンツが整備されていない（処遇などの文字情報のみ）、エントリーフォームがないなど、改善の余地が見られる。

経営者自身が自社のホームページを見て、求職者にとって魅力的な情報発信（応募したくなる見せ方、情報内容、情報量）になっているか、今一度、再確認していただきたい。

リファラルリクルーティング

従来の日本的組織においては「縁故採用」というものがあった。縁故（知り合い、恩人、先輩・後輩といった何らかのつながり）を利用して、会社や団体に採用されたり、採用したりすることである。今でも存在はしているが、経歴詐称などのリスクが低く、身元がはっきりしている、自社を知っている人からの紹介のため入社ギャップが小さ

図表2-18◉あなたの会社にはリファラル採用制度があるか

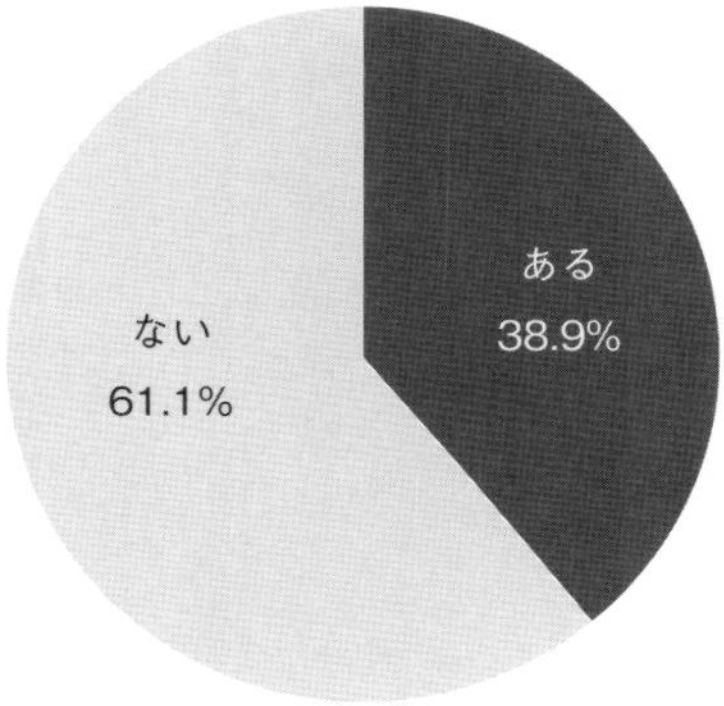

出所:パーソルキャリア「社員紹介やリファラル採用に関するアンケート調査」(2020年2月20日)

く、活躍が期待できる、採用コストがかからないなどのメリットがあり、以前から継続的に行われてきた。しかし、縁故採用は「求人広告や人材紹介のように候補者がたくさん出てくる」という性質のものではなく、応募人数を見込みづらいというデメリットもある。それに伴って、採用計画を立てるのも容易ではない。

そこで、このデメリットを克服し、採用戦略の一環として企業が主導して行う採用を「リファラルリクルーティング(リファラル採用)」という。リファラルリクルーティングを制度化している企業の割合は四割弱に上っており(**図表2-18**)、「採用にかかるコストが削減できる」「企業文化にマッチした人材を集めやすい」という理由から導入企業が増えている。この採用手法は、コロナショック前から注目されていたが、新型コロナウイルスの感染拡大防止のため、さまざまな採用イベントが中止になり、限られた情報のなかで学生の就職活動や求職者の転職活動が行われるという状況に対して、知人などからリアルな情報を得たうえで、入社を決めることができるというメリットがある。

新卒採用においては、自社の新卒入社一～三年目の社員に「後輩も就活のルールが変わって大変だろう。困っている学生にうちの会社を紹介してくれれば、直接人事その状況も踏まえてしっかり話す時間をとるよと伝えてほしい」と教えるだけで、話は広がっていく。しかし、リファラルリクルーティングを成功させるためには、これだけでは弱い。自社の若手社員が、自社のこと（理念、ビジョン、全社的なことなど）をどれだけ語ってくれるかである。後輩に自社の紹介をしてもらっても、魅力を感じてもらわなければ意味がない。そのため、自社の理念に関する教育、経営者から若手社員でも理解できるようなビジョンの発信と浸透、後輩に見せてもよい資料・ツールなど、事前の取り組みがリファラルリクルーティングの成否を決める。

つまり、リファラルリクルーティングがうまくいっている会社は、経営者が常に社員に対して向き合ってきている会社でもあるのだ。そして、自社のコーポレートサイトと合わせて、後輩の学生は応募意欲を高めていくことができる。

採用イベントの積極的な〝小規模化〟

中小企業における従来の採用活動といえば、就職情報会社が主催する、就活生と人材募集企業が一堂に集まる合同企業説明会への参加である。自社を知ってもらう大きなチャンスであるとともに、そこから自社の個別説明会やエントリーの受け付け、面接へとつなげるというのが一般的な流れである。その過程において、大半の企業は直接対面を重視してきた。しかし、新型コロナウイルスの感染拡大を機に、これまでと真逆の展開をとらざるを得ない状況を迎えた。

就職活動中の大学三年生に就活準備イベント（インターンシップイベント、業界研究イベントなど）への参加状況を聞いたところ、全体の九割強（九四・七パーセント）が「オンライン形式」に参加経験があると回答した。その半面、「会場型（リアル）」に参加した学生は五割（五〇・三パーセント）にとどまり前年（八七・八パーセント）から急減し、オンライン形式の就活イベントへの参加が圧倒的に増えた。また参加（視聴）

図表2-19◉就活生:就活準備イベントへの参加状況(n=1072人)

〈参加経験・回数〉

会場型（リアル）に参加	50.3%（前年87.8%）
オンライン形式に参加	94.7%（――）
会場型の参加回数（平均）	2.8回（前年4.6回）
オンライン視聴回数（平均）	8.5回（――）

〈今後の参加意向〉

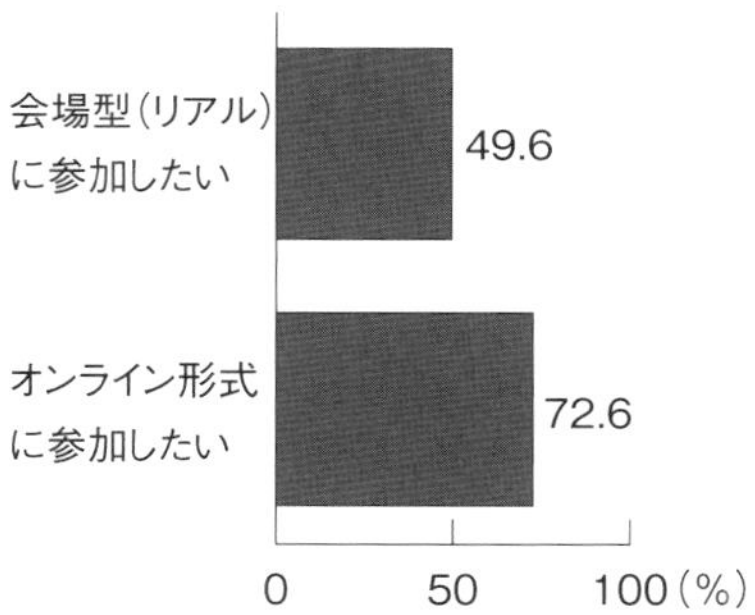

出所:ディスコ／キャリタスリサーチ「学生モニター調査結果(2020年11月調査)」(2020年12月3日)

回数についても、会場型イベントの平均二・八回に対し、オンライン形式のイベントは八・五回と大きく上回った。今後のイベント参加意向を尋ねると、オンラインが七二・六パーセントと、会場型（四九・六パーセント）を大きく上回った（**図表2-19**）。

そのようななか、中堅製造業B社では、ご多分に漏れずオンラインを活用したうえで、同時に希望者を対象にリアルコミュニケーションの取り組みをこれまで以上に重要視するようになった。今までは数十人規模で行っていた会社説明会を、二〜三人程度に超小規模化し、開催頻度を多くする施策を実施。当然、一回当たりの参加者は限られるが、小規模だからこそ、一人ひとりに会社の魅力を余すことなく伝えられ、参加者の疑問点もその場で丁寧に解決してあげることで、コミュニケーションの量と質を高めることに成功した。

結果的に、参加者の満足度は高まり、その後の入社意向度に好影響を与えている。

採用は定期ではなく〝通年化〟

二〇一九年度の新卒者（二〇二〇年三月卒）のうち、コロナ禍による景気低迷で、就職内定を取り消された人が前年比五・七倍の二〇一人に上った（二〇二〇年九月末現在）。二〇〇人を超えたのは、東日本大震災が起きた二〇一一年三月卒（五九八人）以来九年ぶりだった。その二年前（二〇〇九年三月卒）では、リーマン・ショックの影響で大量の内定取り消し（二一四三人）が発生して社会問題になった（**図表2-20**）。大きな経済危機が起きると、往々にして多数の新卒者が内定を取り消され、一部の大手企業や地方自治体などが特別採用枠を設けて救済に乗り出す一方で、やむなく〝就職浪人〟を余儀なくされる若者も少なくない。「四月入社に間に合ってよかった」と安どする人もいれば、「仕方がない。就職は一年延ばそう」と肩を落とす人もいる。しかし、

図表2-20◉新規学校卒業者の採用内定取り消し件数の推移

卒業年	合計(人数)
2009年3月卒	2,143
2010年3月卒	163
2011年3月卒	598
2012年3月卒	101
2013年3月卒	76
2014年3月卒	54
2015年3月卒	60
2016年3月卒	82
2017年3月卒	86
2018年3月卒	73
2019年3月卒	35
2020年3月卒	201

出所：厚生労働省「令和元年度新卒者内定取消し等の状況（令和2年9月末現在）」（2020年10月20日）

そもそも「四月一斉入社」でなければならないのだろうか。四月に入社できなかったというだけで、なぜ人生の落伍者のような目で見られるのだろうか。

日本で新卒一括採用・四月一斉入社が定着したのは、高度経済成長期の一九六〇年代とされる。当時、人手不足に陥った企業が若手労働力を確保するため、中高校や大学に在学中の学生に求人募集を行って内定を出し、学校を卒業するタイミングに合わせて四月から入社させた。海外では学校卒業後に就職活動を始めるのが一般的であり、企業の人材募集も欠員補充が基本のため〝就活シーズン〟というものがない。特定の時期に卒業生を大量に雇い入れるのは日本企業だけの慣例である。だが、これはこれ

図表2-21◉日本人の海外留学者数の推移

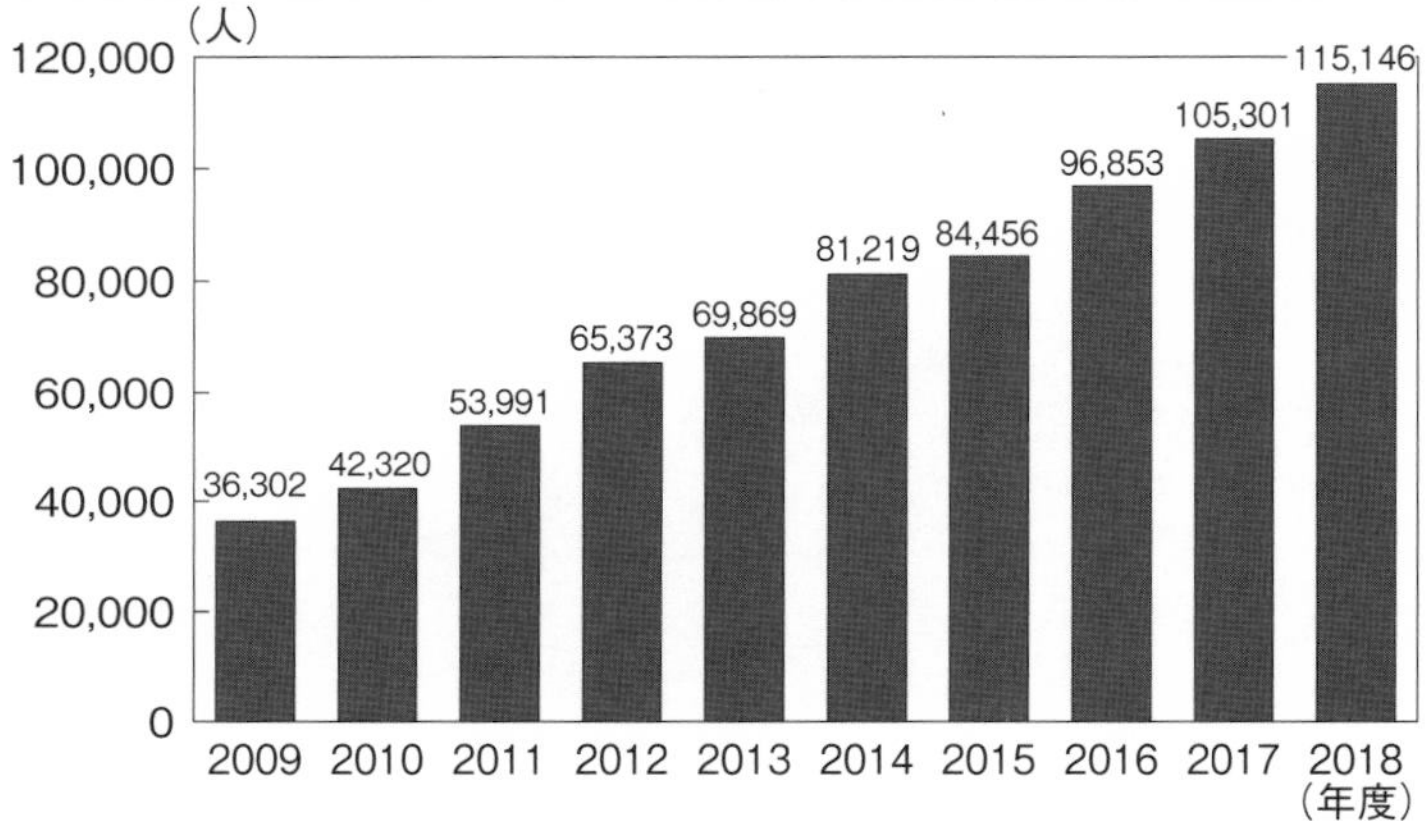

出所:文部科学省「『外国人留学生在籍状況調査』及び『日本人の海外留学者数』等について」(2020年4月22日)

で、合理的な考え方だと思う。

しかし、日本人学生の動向を見ていると、海外留学者数は増加しており（図表２‐21）、卒業時期が日本国内と違うため、帰国後に翌年四月まで入社を待たなければならないという不合理が起き始めている。企業にとっても優秀な人材に内定を出しておきながら、本人の希望ではなく、企業側の「四月入社」という慣例によって、入社を待たせるという何とも呑気な姿勢をとっているのである。さらに今後は、新卒採用においても外国人採用が増えていくと考えられる。そこで、これまでの「前例主義」から脱却し、四月入社だけではなく、七月・一〇月入社も用意することによって、留学生や第二新卒の受け入れ可能性を広げていくべきである。

四月入社で一斉に新入社員教育を始めたい、という企業側の声もある。そうした意見を否定するつもりはないが、それもまた企業側だけの効率化であり、その効率化を優先するために優秀な人材の採用を見送るという、不合理なことが起きているのも事実である。そうした観点から、企業は人材教育の効率化の重要度について再検討していただきたいと思う（効率化と採用見送りの優先順位の問題であり、新入社員教育自体の重要度を下げるということではない）。

いずれの手法であっても重要なことは、経営の目的、自社の戦略に合った採用を行うことである。戦略のミスは戦術ではカバーできない。これは事業戦略だけではなく、人事についても同じことなのである。

第3章

育成
——教え方・育て方を変える

時代遅れの人材育成手法

新型コロナウイルスの感染拡大で、日本のみならず世界中の多くの企業で戦略の転換に迫られている。日本においては、従来の日本的組織から、まさに会社を丸ごと「トランスフォーメーション（変換）」しなければならない。改良・改善で成長し、短い時間で新しいモデルに転換することが苦手な日本企業の組織にとっては、死活問題である。

人事の観点では、大きな変化といえば、企業規模・地域を問わず、新型コロナウイルスの感染防止のために在宅勤務（テレワーク）、場所に縛られない働き方が一気に広がったことが挙げられる。これまで人と人が会社で顔を合わせて仕事をしていたところから、営業の仕方やチームマネジメントの仕方、はてはオフィスフロア数の削減や通勤手当、残業手当まで見直しが迫られている。

新型コロナウイルスが感染拡大しているさなかの二〇二〇年四月には、多くの企業に高卒・大卒新入社員が入社したが、三密を避けるため入社式はテレビ電話によるリモート形式で行われ、入社時研修やビジネスマナー講座などの実施は困難を極めた。多くの企業では、オンライン化が急速に進んだものの、従来の講義型の座学研修をオンラインで配信するだけといった、対面接触を避けるためだけのリスクヘッジとしての対策にとどまった。私はある企業から、新入社員にやらせることがないので何かレポートを出すような課題を与えてほしい、と相談されたこともあった。戦略を実現させるために採用した人材でありながら、集合できないとなった途端、やらせることがないという事態に陥ったのである。

デジタルトランスフォーメーション（DX）が叫ばれた二〇二〇年、通信技術は5Gという新しい世代へシフトした。そんな時代においても、実態はこの通りなのである。特に企業内の人材育成については、旧態依然の方法論が根強く残っており、まるで時間が止まったかのように、デジタル化が進んでいる時代の変化に対応できていない。

この章では、これからの新しい時代に戦略を実現するための人材育成の方向性、働き方の変化に合わせた人材育成の新しい方法論について提言する。

社員投資が不可欠な背景

二〇〇〇年代後半から、従業員に無給の深夜残業や朝残業などの不当な労働を強制したり、パワハラなど人権を踏みにじる行為を日常的に行ったりする企業、もしくはそのような行為を放置、黙認している企業のことを「ブラック企業」と呼ぶようになった。もともとは、新興産業であるＩＴ業界などにおいて使われ始めた言葉で、そこには過酷な労働環境や正社員でありながら「三五歳定年説」といわれるような、終身雇用・長期安定雇用とは違う実態があった。新興産業であるがゆえに、日本型組織の特徴でもある組合や労使関係も未整備だったのだ。その後、就職活動中の学生が「心身がボロボロになるまで社員を残業させる企業があるらしい」と恐れてブラック企業の風評が広まっていったとされる。そこで、企業においては、いかに残業が少ないか、有給休暇を取得しやすいか、休暇制度が整っているかなどを競うようにアピールし、「いかに働きやすいか」（企業の本音は「いかにブラック企業と思われないか」）が学生への訴求ポイントになっていった。

二〇一六年、経済産業省は認定制度「健康経営優良法人」を創設し、健康経営に取り組む優良な企業を認定・表彰をしており、「二〇二〇年までに五〇〇社以上の企業（大規模法人）が健康経営に取り組んでほしい」という思いから、〝ホワイト５００〟と名づけられた。この取り組み自体は、これまで各社の労働組合に委ねられていた職場環境改善に国が本腰を入れた取り組みとして私は肯定的に捉えているが、このネーミングがまさに「ブラック企業」という言葉をより際立たせていると思う。

しかし、企業の本質は、社員を雇用し、事業を営み、利益を生み、分配することで持続的に成長していくことである。そこに近年は、経済的な価値だけではなく、ＳＤＧｓ（持続可能な開発目標）などに代表される社会的な価値も求められるようになった。つまり、「働きやすい」だけでなく、利益を生み、社会的課題を解決していくことが企業の目標となっている。そこで、企業の持続的な成長と働きやすさを両立するために、企業の生産性向上が注目されてきた。これが「働き方改革」であり、二〇一九年四月一日から順次、働き方改革関連法が施行されていったのである（一部、日本的組織の破綻によって増加している非正規社員の待遇改善を目的とした施策もある）。

働き方改革関連法では、長時間労働の是正と多様かつ柔軟な働き方の実現などが掲げられ、一部の大手企業でテレワークの導入も始まった。しかし、まだそのころ（新型コロナウイルス感染拡大前）は、育児・介護などを理由としたテレワークが想定されており、組織のマイノリティー（少数派）の働きやすさのための施策として捉えられていた。そのため、テレワークに対する環境整備などが一斉に促進されることはなかった。また、日本的な組織の特徴である「同質的」な一面が、ほかの人がやっていないことを自分だけが率先してやるということに二の足を踏ませ、生産性向上は改良・改善に時間をかけて取り組んでいくものという認識であったことも、少なからず影響していると考えられる。

ところが、二〇二〇年の新型コロナウイルス感染拡大以降、半ば強制的にテレワークが一斉に導入され、一時的なリスクヘッジと思われていたものが、次第に生産性向上の側面からも、継続的な施策として活用していこうという機運に変わってきている。ついに、「今までの働き方が通用しない」と、日本的組織の終焉を誰もが認識し始めたのだ。

したがって、企業が今から取り組むべき人材育成のテーマは生産性向上であると私は考えている。

これまで企業が生産性向上に一切取り組んでいなかったというわけではない。現在、多くの企業はＲＰＡ（ロボティック・プロセス・オートメーション）など業務効率化につながるようなＩＴ投資に取り組んでおり、生産性は日々改善されている。また、ＤＸが改善スピードをさらに速めていくものと期待されている。しかし、根本的な課題は、システム化やマニュアル化だけでは解決できない。なぜなら、新型コロナウイルスの感染拡大でこれまでの戦略が通用しなくなり、新しい戦略がつくられ、それを用いて生産性を高くするための組織をつくるには、テレワークなど従来とは違う環境・働き方のなかで、社員がこれまで以上の能力を発揮したり、未経験の業務にチャレンジしたりできるような知識向上やスキルアップ、業務チェンジなどを進めていく必要があるからだ。

ＩＴ投資をして、新しいデジタルツールを導入するだけではなく、組織そのものを強く、成果を出せるようにするために、社員投資は不可欠なのだ。新しい戦略を掲げても、実践できる人的戦力を確保できなければ、それは絵に描いた餅でしかない。

採用が未来の社員への投資だとすれば、人材育成は既存の社員への投資なのである。

一人ひとりを「才能の塊」として捉える

生命保険協会が機関投資家と東証一部上場企業に行ったアンケート調査によると、企業価値向上に向けた中長期的な人材投資に対して約六割の投資家が重視する一方、企業は四割弱にとどまっていた(図表3-1)。「企業は人なり」と人材育成の重要さを語る企業経営者は多いが、その投資戦略の優先度を読み解くと、大手企業ですら投資家の期待値を大きく下回る程度の認識しか持っていないことがうかがえる。

これまでの日本企業は社員を「人材」として捉えてきた。財産の「財」を使う企業もあるが、社員に話を聞くと、そうした経営の想いを理解している社員は意外と少なく、「なぜわが社が財の字を使っているのか」という問いに対し、明確に答えられる社員は少ない。結局のところ、社員を「人材」として扱っているというのが実態なのである。

「材」の語源は本来、川の氾濫をせき止めるための「良質な木材・材料」という意味だったという説がある。人という良質な木材があれば、企業はうまく経営できる。木

図表3-1◉中長期的な投資・財務戦略の重要項目

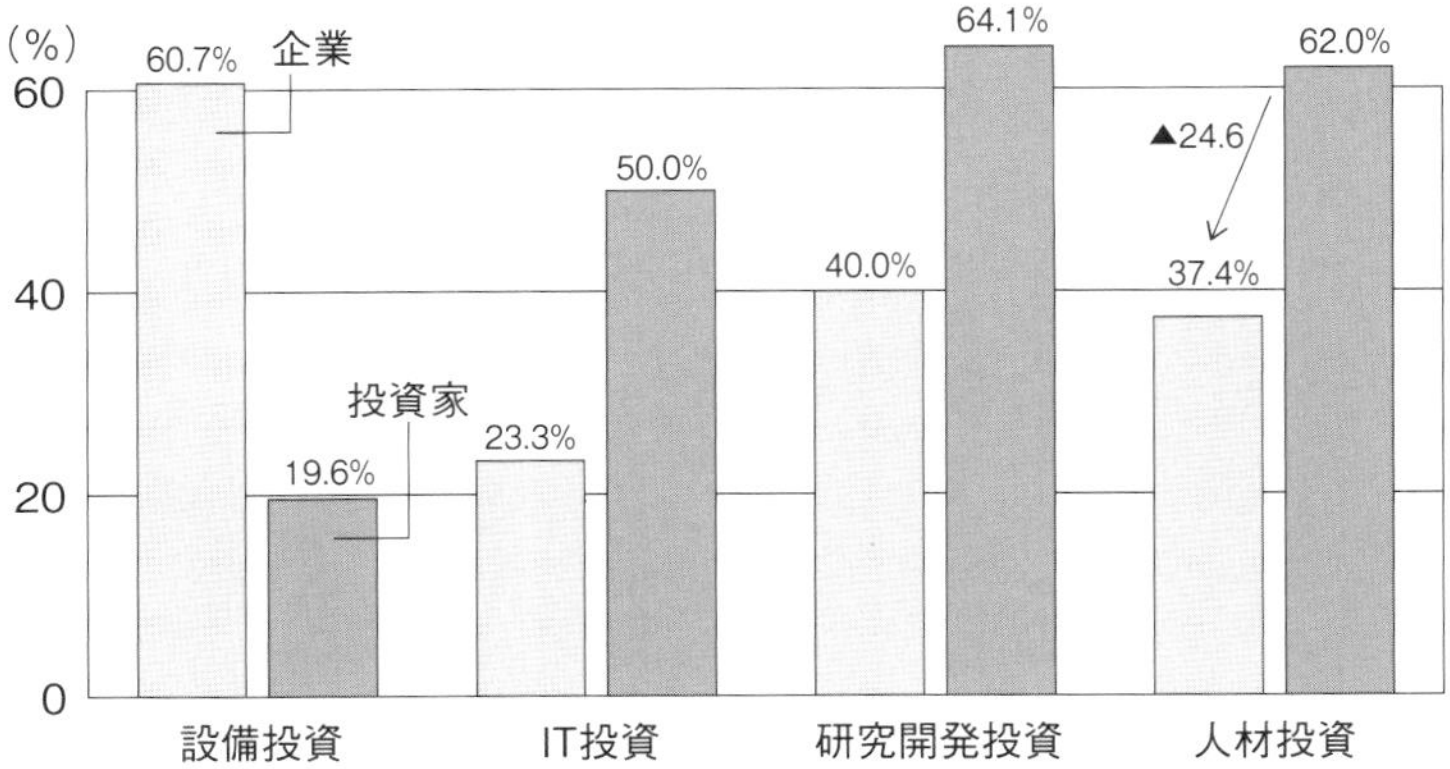

出所:生命保険協会「企業価値向上に向けた取り組みに関するアンケート集計結果(2019年度版)」(2020年4月17日)

材は何も手入れをしなければ徐々に劣化していくため、定期的なメンテナンス(保守・保全)が欠かせない。しかしながら、従来の日本的組織では、「人材」という意味を文字通り、材料の一つ、部品の一つのように雑に使っていたのではないだろうか。特に、日本的組織が形成されていった高度経済成長期は、個々人の生産性の問題は後回しにされ、それを今まで多くの企業が引きずってきたようにも思える。

一方で、新型コロナウイルスの感染拡大を受け、今後の先行きは不透明であり、DXと合わせて、これまで以上に個々の生産性を上げていかなければならない。個々人の能力を引き上げ、才能を生かすための制度づくりや社員への投資を行っていかなければならないのである。

例えば、これまで営業事務をしていた人材が、セールスデータサイエンティストになって、大量のセールス情報を分析し、インサイドセールス（内勤営業）をできるように会社が支援すればよい。また、経理・総務部門のスキルアップを行い、他社の業務も請け負ってアウトソーシングサービスを提供する側になれば、管理部門はプロフィットセンターにもなり得る。

極端な話をしているように感じる経営者もいるかもしれない。大事なことは、全社員に「この会社で働いていてよかった」と思ってもらえること（定着）であり、全員の生産性を一パーセント向上（活躍）させることで、得られる利益に貢献してもらうという考え方でもある。

「今すぐ新工場を新設しましょう」「R＆D（研究開発）に数十億円投資しましょう」といっているわけではない。仮に一〇〇人の従業員がいて、一律的に三〇万円の人材育成投資をしたとして三〇〇〇万円。一律が難しければ希望者だけに限定してもよい。仮に、半数の従業員が希望したとして一五〇〇万円である。先述の人材ポートフォリオでは、スキルの市場性や独自性の低い仕事をしている非正規社員が、より高度なスキルを身につけ、活躍人材へと成長し、自らの労働生産性を一パーセント以上改善させる可能性もある。

これまでに前例のない新しい働き方が求められているなかにおいては、企業はこれまで以上に個々の社員と向き合い、一人ひとりの才能を伸ばして、生産性向上に取り組んでいかなければならない。もし、人材投資が資金的に厳しい局面にあるのであれば、一人ひとりとしっかり向き合い、定期的に育成上のアドバイスをするだけでもよい。彼ら・彼女らの成長を全力で支援することが重要なのだ。

また、採用においても、人材不足だけを理由に、やみくもに採用して人材を確保しようとするのではなく、既存社員がこれまで以上に活躍するにはどうしたらよいかを、経営者が真摯に考えていく必要がある。

戦略リーダー人材の育成

近年、「リーダー育成と従来の管理職教育は別物である」ということが浸透して、「次世代リーダー育成プログラム」の導入事例が増えてきている。年功序列が特徴だった日本的組織がそこから脱却し、意図的に優秀なリーダー候補を育てようとしているのである。これは非常に重要なことであり、今後ますますその重要性は高まっていくと考えられる。なぜならば、新型コロナウイルスの感染拡大もあり、先行き不透明ななかで新たなビジョンを描き、実現するための戦略を策定し、実践していくためには、必ず「戦略リーダー」が必要になるからだ。

自社が持続的に成長し、顧客に選ばれ続けていくためには、成長エンジンとなる新事業開発や事業の多角化が不可欠であり、その際に責任・権限を持って推進していくリーダーこそが、戦略リーダーである。したがって、戦略リーダーは従来のマネジャーとは異なるため、その人選は、従来の階層や役職にこだわらず、事業推進に適した人材でなければならない。戦略リーダーとは事業を推進していくリーダーであり、必ずしもマネジャーが戦略リーダーである必要はない。すなわち、成長エンジンとして拡大していく事業推進に最適な人材こそが、戦略リーダーとなり得る人材である。

不確実性が高まる時代にあって企業は、マネジャーではなく、戦略リーダーを育成しなければならない。リーダーとマネジャーを同義に捉えていたり混同したりしている組織も多く見受けられるが、まずは、その違いを明確に認識しておかなければならないだろう。

そもそもリーダーとマネジャーの違いは日本語に直訳すると明快である。つまり、

図表3-2◉戦略リーダーとマネジャーの違い

	戦略リーダー（先導者）	マネジャー（管理者）
1.発想	帰納的 社内外のさまざまな現象やデータを融合して「あるべき姿」を導き出す。	演繹的 現状の問題点や与えられた命題から「あるべき姿」を打ち出す。
2.主な役割	道を切り拓く 絶えず変化する経営環境のなかで将来を見通し、会社が進むべき方向を意思決定する。	目的地に向け道を走らせる 意思決定された方向性について具体的な目標設定を行い、いかに効率よく達成するかを考え、実行を支援する。
3.戦略	ビジョン・方針の策定 （目的設定）	計画・予算の策定 （目標設定）
4.組織	人心の統合 （集中力・推進力を高める）	組織編成と人員配置 （生産性・収益性を高める）
5.教育	動機づけ （コーチングスタイル）	統制と問題解決 （ティーチングスタイル）

「先導者」と「管理者」ほど違うのである。

その発想は根本的に異なり、戦略リーダーが社内外の経営環境の現象やデータを総合的に捉えて企業が進むべき方向性を「帰納的」に練り上げるのに対して、マネジャーは現状で頭を悩ませている問題点や、すでに与えられた命題・課題に対しその解決策を「演繹的」に導き出す。経営活動や幹部教育はマネジメント偏重のスタイルであったといえる（**図表3-2**）。

このようなマネジャーは「オペレーション・マネジャー」とも呼ばれ、従来の日本的組織の特徴の一つでもある。日本独特の管理手法として定着してきたQCサークル活動やカイゼン活動、5S運動などはまさにオペレーション・マネジャーの得意領域である。これらの手法は、企業が目指すべきゴールに向けてまい進しているフェーズや、高度経済成長期のようにひたすら高みを目指し成長を続けている時代においては有効に機能する。しかしながら、「変化こそ常道」となり、不確実性が高まる環境下で方向性を見失いがちの現代においては、戦略リーダーの出現を待たなければならない。将来を見通し、自社の進むべき方向を意思決定できる戦略リーダーなくして、変化に対応することはできない。

現在の日本企業にとって戦略リーダーの育成が急務といえるが、現実的には、戦略リーダー的要素とマネジャー的要素を兼ね備えたバランス型戦略リーダーが望ましい。幹部人材が不足する中堅・中小企業にあってはなおのことであろう。

戦略リーダーの育成について、「早い段階からトップリーダー候補を選抜するとほかの社員のモチベーションやモラルを下げる原因になりはしないか？」という懸念を投げかけられることがある。私は、この懸念こそ、まだ従来の日本的組織の思考習慣が残っていると感じる点である。

近年、管理職になりたくない若者が増えているといわれている。マネジメントやリーダーなどほかの人に深く関わり責任ある重い役割を担いたくないというのだ。これを、従来の日本的組織の思考習慣で捉えると、「やる気がない」「消極的」「覇気がない」と評価し、「最近の若者は……」といってかたづけてしまう。しかし、本当にそうだろうか。実は若者のほうが、管理職になれば仕事の難易度は高くなり、単に年功的に積まれた経験だけでは勝負できないという実態をよく知っているのではないだろうか。それでもトップリーダーを目指したいという志を持った一部の若者を除き、多くの若者がリーダー候補に選ばれることを名誉なこととして捉える時代は、すでに終わっているのかもしれない。

また、企業規模が大きくなれば、若年層から人材プール（選抜された候補者集団）を形成し、マネジメントしながらリーダー人材の発掘・育成を行っていく。当然、定期的にメンテナンスがされ、人材プールから外れる人も出てくれれば、新たに選抜される人、敗者復活で再び入ってくる人もいる。

従来の日本的組織のように、「出世コース」があって、一度でもその道から外れるとはい上がれないトーナメント方式ではなく、プロサッカーのJリーグのように、リーグ戦方式で入れ替えがされていく運用ができれば、本人がリーダーを目指している限り、モチベーションが失われることはない。

次世代リーダー育成計画（サクセッションプラン）

「サクセッションプラン（Succession plan）」とは、「後継者育成計画」と訳されることが多い。事業承継（Succession）のための人材育成計画という意味である。東京証券取引所の上場企業に対して、二〇一五年にコーポレートガバナンス・コードが適用開始になったが、二〇一八年に改訂版が適用された際に、最高経営責任者（ＣＥＯ）の後継者計画の策定など、役員の指名および報酬に関する要求事項がより明確に示されたことで、サクセッションプランに関する相談・支援が増えている。上場企業が定めるサクセッションプランには、ＣＥＯ・役員の選解任基準なども定められるが、育成計画がやはり大きなテーマとなるためだ。また、上場企業でなくても、戦後の復興期から高度経済成長期に創業した企業において、創業者・後継経営者が高齢になり、事業承継を見据えて、後継者育成や次世代リーダーの育成の相談を受けることが多くなっている。

事業承継においては、必ずしも親族（子女、傍系、姻族など）への承継ばかりではなく、優秀なプロパー社員に任せたい（資本の保有は創業家）というケースも増えており、どのように次世代リーダーを育成していくかが事業存続の重要な課題となっている。つまり、上場企業であってもそうでなくても、次世代リーダー育成は、どの企業においても、事業を存続させていくうえでは、いつかは必ず訪れる承継に向けて、今から準備しておかなければならない重要かつ長期的なテーマなのである。

将来のリーダー候補を選抜する基準を検討する際、私は現在の経営者に、企業の一〇年後、二〇年後の事業環境の予測とビジョン、今後乗り越えるべき自社の課題などを必ず確認するようにしている。なぜならば、選抜すべきリーダーは、今まさに事業承継をしようとしていない限り、五年後、一〇年後にリーダーシップを発揮しなければならない人材であり、現在の経営課題だけを参考に選抜基準を検討していては、変化に対応できない選抜基準になってしまうためである。

もちろん、未来のことなので、例えば新型コロナウイルスの感染拡大のように、必ずしも予測通りになるわけではないが、現在の経営者が自社の一〇年後のビジョンに向けて現在の戦略を策定・遂行しているとすれば、一〇年後どのような企業にしたいかという明確な意思は確認しておく必要がある。そのうえで、具体的な対象ポジション（どのポジションを担うリーダー人材を育成するか）、人材プールの選抜要件、役員の選解任基準を決めていくのである。

そして選抜された次世代リーダー候補人材に対しては、基礎的なスキル（財務・会計、経営戦略、企業法務など）を身につけてもらうだけではなく、タフ・アサインメント（Tough assignment）で修羅場や一皮むける経験を積ませて鍛え、次世代リーダーとしての試練を乗り越えるプロセスを意図的に仕掛けていくのである。

タフ・アサインメントでは、全社横断的なプロジェクトのリーダーに配置することもあれば、赤字部門の立て直しなどリーダーシップを発揮して危機を乗り越える経験などもある（どのポジションがタフ・アサインメントになるかは、事前に協議をして経営者が決定することが必要）。

また、タフ・アサインメントまでいかなくても、複数の事業・機能を経験させることもある。人間誰しも、自分自身が経験したことのないことを想像・理解することは難しいためである。つまり、次世代リーダー育成は、単なる研修プログラムを指すのではなく、年功序列も無視して配置・評価をしていかなければ、「新しい研修を行った」という経営者の自己満足で終わってしまう。選抜、研修、配置、評価を連動させて初めて、戦略的な次世代リーダー育成といえるのである。

しかし、これらがうまく連動している企業は少ない。なぜ、多くの企業では連動させることが難しかったのか。一つは、その本質的な意味を人事部門も理解していなかったことが挙げられる。日々のルーチン業務のオペレーションに追われ、研修を実施することが人材育成だと思っているケースである。

二つ目は、人事制度の運用の構造的な問題である。選抜と研修は人事部門、評価と配置は事業部門や現業部門で行われ、結局連動しないというケースである。このジレンマを断ち切るには、経営者によるトップマネジメントしかない。次世代リーダー育成をトップダウンで統括し、選抜、研修、配置、評価のそれぞれに整合性を持たせながら、長期持続的にＰＤＣＡを回し続けるしかない。私たちが次世代リーダー育成の支援をしている際に、必ず経営トップへ報告をするのはこのためである。

人事部長が勝手に社長へ忖度して、「社長が忙しいので、代わりに私のほうでお話を聞きます」では、本質的な問題はいつまでも解決しないのだ。

採用と育成が組織風土を変える

ここまでお読みいただいた方はすでにおわかりの通り、先行き不透明ななかであっても戦っていける次世代リーダーを育成するには、新卒や中途といった入社時のキャリアにとらわれず、年功序列的な発想を捨てて次世代リーダーとしての潜在能力を持った若手人材を採用していかなければならない。二〇歳代であっても、次世代リーダーとしてのポテンシャルを持っているのであれば、多少チャレンジングであっても背伸びして研修に参加できる環境を整備すべきである。

さらに、新しい戦略の実行・推進とこのような戦略的な人事を連鎖させて、組織風土を変えていかなければならない。その結果、新しい戦略の実行・推進の中心となるであろう三〇歳代・四〇歳代の社員にとっては、昨日までの後輩が、いつの間にか自分より上のポジションにいるというケースも組織内で起きてくるだろう。このとき、組織に属する社員は、年功序列ではないことを受け止めていくのである。

新入社員教育のオンライン化

新型コロナウイルスの感染拡大を受け、働き方は半ば強制的にテレワークへ移行した。当初、働き方改革の一環として、多様な働き方の選択肢の一つとされていたテレワークが、社員の安全のため、という理由で一気に広がった。新型コロナウイルスの感染拡大によって、変化を余儀なくされたのが、四月に入社した新入社員の教育である。入社式はリモート、研修は集合研修ができないなか、配属しようにも現場が動いていない。本来は職場で、社会人として、新戦力としてOJT（オン・ザ・ジョブ・トレーニング）で育成するはずの上司や先輩もテレワーク。歓迎会もできず、自社の社員に会ったこともない新入社員が日本中にあふれたのだ。

このようななかで、一気に加速したのが研修のオンライン化である。集合研修ができないのであれば、講義を動画で配信すればよいというわけで、直接対面せず人材育成を進める手段としてオンライン化が進んだ。しかし、オンライン化したといっても「とりあえず直接対面しないリスクヘッジ」としての「オンラインへの置き換え」でしかなく、一方的に講義を動画配信して完結してしまうため、理解度を確認したり、受講後のフォローアップをしたりするなど、学習に必要な受講者と講師の双方向コミュニケーションまでは未整備だったのが実態である。

そこで、多くの企業では、オンラインで学習が完結できる仕組みとしてeラーニング（パソコンやタブレット、スマートフォンなどの情報機器を使ってインターネットを利用して学ぶ学習形態）を活用し始めた。近年、教育研修のリモート化は増加しており、矢

図表3-3◉国内eラーニング市場規模の推移・予測

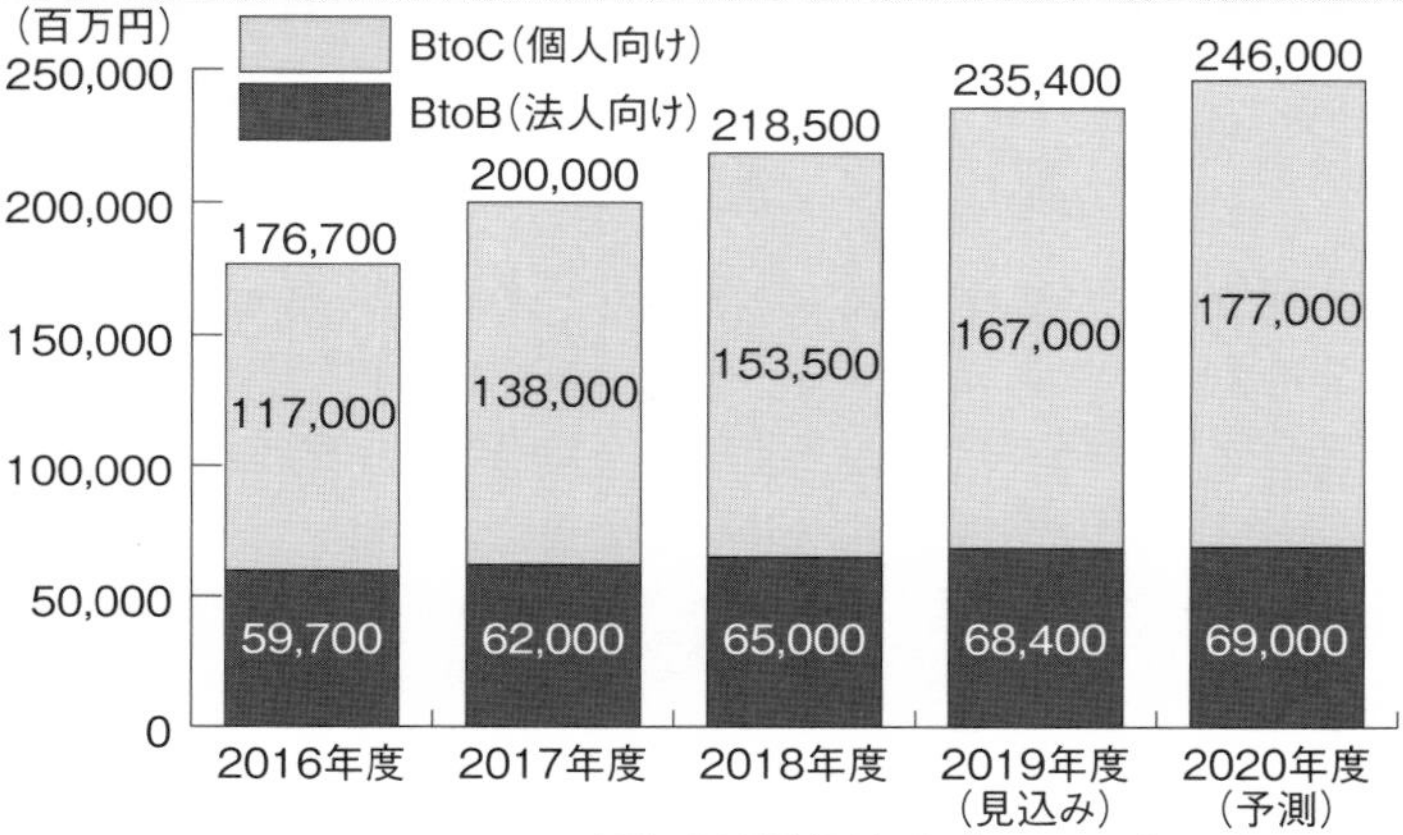

出所：矢野経済研究所/プレスリリース（2020年4月27日付）

野経済研究所によると、二〇一九年度の国内eラーニング市場規模は、前年度比七・七パーセント増の二三五四億円（見込み）。法人向け（企業・団体内個人を含む）のBtoB市場規模が同五・二パーセント増の六八四億円であり、eラーニングを利用している企業は右肩上がりで増えている（**図表3-3**）。

このような背景もあって、教材作成・配信、講義の受講、レポート執筆・提出・添削、テストの受験・採点、個人単位での受講履歴の管理までをオンライン上で完結させる動きが加速していったのである。このように、オンライン上で学習活動のすべてを管理・運用できるシステムとして、ラーニング・マネジメント・システム（LM

S：Learning Management System＝学習管理システム）の導入が注目を集めている。受講者にとってすべてオンラインで完結できるプラットフォームであり、なおかつ、クラウド上に教材をアップロードしたり、インターネットを使ったりする双方向のコミュニケーション、受講履歴の管理など、これまで研修担当者が会社へ出社して行っていた業務を、自宅にいながら運用できる仕組みでもある。

しかしながら、在宅で学べるものには限りがあり、実際に手や身体を動かさないと習得できないスキルもある。しかしそれすらも、いまやＡＲ（拡張現実）／ＶＲ（仮想現実）による疑似体験で、限りなくリアルに近いイメージトレーニングができるようになってきた。例えば、不動産のモデルルーム（オフィス）を体験できるサービスや、設備点検における作業手順のナビゲーション、建設業における危険体感訓練、さらに研修医向けの手術訓練などがある。

このように、従来は集めて教えることが当たり前と思われていた研修も、リモートで行うことが可能になってきている。

従来の日本的組織では、新入社員は集合研修・合宿形式、長期間のインプット型の育成手法が多かった。もちろん、新入社員に学生気分を払拭させ、社会人・自社の一員としての自覚を持たせるという意味では、一定の効果はある。しかし、それ以上に、共同生活を通じた共同体意識の醸成や、長期間の合宿（外部との隔離）によるある種の〝刷り込み〟で会社への帰属意識を醸成させる同質化など、従来の日本的組織になじみやすい人材を一律的に確保する手段として機能していた。また、配属前に最低限必要な知識を教えることで配属先での育成の負担を軽減し、即戦力を現場に供給する機能としての期待もあったが、実際に経験したこともない業務について、社会人経験もない彼らに想像・理解させることは難しく、結局のところ人事部門の自己満足で終始していることが多かったのではないだろうか。

すでに従来の日本的組織が終焉している今、新しい時代を担っていく人材を育てていくためには、より個々人と向き合い、一人ひとりが才能を開花させることができるようオンラインという手法を活用していくことが不可欠なのだ。

オンライン研修の全社展開

集合研修ができない状況は、新入社員ばかりではない。新型コロナウイルスの感染拡大以降、三密にならない働き方が継続され、従来型集合研修の実施は難しい状況が続いている。そのため、新しい戦略を実現するための生産性向上に寄与する人材育成や、これまで定期的に行ってきた階層別研修、前述の次世代リーダー育成についても、オンライン化を進めていき、人材育成を止めないようにしなければ、組織は衰退していく。

講義を聴くスタイルが中心の集合研修であれば、LMSを活用した学習へとシフトすることが可能である。特に、知識習得のための内容であれば、受講者が「好きなタイミングで」「いつでも・何回でも」学び続けられるため、有効に機能する。例えば、次世代リーダー育成において、基礎的なスキル（財務・会計、経営戦略、企業法務など）はオンラインで学習してもらい、基礎固めをしておくことも可能になる。

また、全社員に展開すべきコンプライアンス研修、社内システム活用説明会なども、集合させることなく、全国一斉に同時に学ぶことができるのもオンライン研修の特徴である。さらに、この機会に「そもそもこの研修は必要なのか？」という原点に立ち返り、あらためて自社の戦略との整合性を確認して、前例主義的に行っていた研修についても精査する機会としていただきたい。

ＯＪＴについても、これまで「背中を見せる」という職人的ポリシーで行ってきた先輩社員や上司もいるが、三密を防ぐ働き方のなかで、リアルに背中を見せることができない状況にある。しかも、「背中を見て覚えろ」といわれても、初学者にとっては、何をどう見たらよいか、ポイントは何なのかまったくわからない。教える側も教わる側も、我流になりすぎており、結果的に業務の属人化、人材育成の低効率化につながっている。

そもそも、従来の日本的組織においては、特定の職務に必要な能力よりも、全社的に汎用性のある能力を重視し、長期間で育てていくという思想が強かったため、おのずと人材育成の効率が上がらない組織体質でもあった。しかし、これから生産性向上、新しい働き方が求められるなかで、ＯＪＴだけはそのままでよいということはない。

関東にある運送業のＤ社は、これまでＯＪＴで教えていた「荷物の正しい積み方」「素早い運搬のコツ」といった業務をすべて動画に収め、配属が決まったら見る動画として、社内イントラネットに保存し、人材育成の効率化に向けてデジタル活用を始めている。つまり、リアルに背中を見せるのではなく、動画のなかでその背中を見せているのである。

そのため、初めてその業務に携わる人でも、いつでも・どこでも・何度でもその動画を見ることができるので、育成スピードが上がることが期待されている。さらに副次的な効果として、動画化を機にあらためて、「動画で教えるべき内容は何か」という原点に立ち返り、それを現場の社員に考えてもらうことにより、社内のコミュニケーションの活性化と最適な手法の発掘に成功している。

人材育成のあり方を見つめ直すプロセスで、人材育成の体系化も行うことができているのである。

ブレンドラーニング

ここまで、オンライン研修へシフトしていく必要性と重要性について述べてきたが、これは対面型の人材育成を一切排除すべきということではない。討議や営業のシミュレーション、技能教育などは、オンラインだけで実施すると違和感が残ってしまう。

これは、オンライン研修は、画面上に映っている文字・写真・動画、話している人の音声しか学習ツールとして使えないというデメリットがあるためだ。実際に会って、直接指導しなければ伝わらない感覚的なこと（体の使い方、触覚・嗅覚など五感を使うことなど形式知化しにくい暗黙知的なスキル）、周囲の環境（天候、オンラインの画面では映っていない相手の表情や姿勢など）はオンラインでは伝えきれない。

そこで大切なのは、オンラインのメリット・デメリット、対面型のメリット・デメリットをよく理解したうえで、一連の学習活動をオンラインと対面型の組み合わせで、効果的・効率的に行っていく「ブレンドラーニング」という考え方が重要になる。

ブレンドラーニングは、正式には「ブレンディッド・ラーニング（Blended Learning）」と呼ばれ、オンラインと対面型の双方のメリットを生かした学習形態を指す。ただし、非常に発音しにくいこと、また、組織内で浸透させるためにわかりやすい表現にしたいと思ったこともあり、とある経営者から「ブレンドラーニングでもいいですか？」と提案いただいたことがきっかけで、私は「ブレンドラーニング」と呼んでいる。

まずは、あらためて、オンライン研修と対面型研修（集合研修）のメリット・デメリットを整理しておく。

1　オンライン研修

〈メリット〉

① 場所にとらわれず参加可能。旅費交通費や、移動時間にかかる人件費などコスト削減ができる。

② 講師や会場などの差が出ないため、社員に行う研修の品質に差が出にくい。
③ 確認テストなどによって参加者の習熟度をリアルタイムで把握できる。

〈デメリット〉
① デバイスや安定したインターネット環境が必要。実施できるワークが限定される。
② 緊張感が薄れる。受講者同士の交流がない。

2 対面型研修（集合研修）

〈メリット〉
① 対人コミュニケーションやロールプレーイングなど、ワークの制限がない。
② 社員が実際に会場に集まって研修することで、対話や刺激が生まれ、建設的な発想やイノベーションにつながる可能性が高まることも期待できる。
③ 講師が目の前にいるので、疑問があればその場で質問することができる。

〈デメリット〉
① 会場の確保が必要。旅費交通費や移動時間の人件費が発生する。
② 発言者が限られる。講師の目の行き届く範囲に限界がある。

ブレンドラーニングは、これらのオンライン研修と集合研修の双方のメリットを、そのまま「いいとこ取り」しつつ、相互にデメリットを解消することが可能な画期的な教育手法である。ブレンドラーニングによる学習活動については、具体的には次の三つのパターンが考えられる。

1　従来は集合研修における講義で一方的に伝えていた内容を、オンラインでの事前学習にシフト。その後、討議や実技指導は集合研修で行う方法。

2　オンライン研修と集合研修を経た後、オンラインで参加者が相互につながりながら一定期間学習（相互啓発）を継続する方法。

3　初めに集合研修を行い、その後オンラインでフォローアップの自己研修を継続する方法。

学ぶべきテーマを今一度整理するとともに、オンラインと対面型をうまく使い分けた学習活動の設計、および学習に必要なリソース（教材、場所・空間、デジタルツールなど）を準備したうえで、ブレンドラーニングを立ち上げ、効果的・効率的な人材育成を進めていただきたい。

第4章

評価・処遇

――何を評価すべきなのか

「評価」にイノベーションが起きている

二〇一六年、米国のゼネラル・エレクトリック（GE）が人事制度の「セッションC」と、その評価ツールである「9（ナイン）ブロック」を廃止して日本企業を大いに驚かせたことは記憶に新しい。多くの経営者や人事担当者が範としていた人材評価の仕組みを、開発元が運用をやめてしまったからだ。

セッションCとは、人材育成と適正配置、後継者育成を目的として開発された人事制度。各部署のリーダーが年に一回集まって人材・組織のレビューを行うもので、その判断基準となっていたのが9ブロックである。具体的には、「専門性」や「明確でわかりやすい思考」など社員に求める五つの行動指針（グロース・バリュー）を横軸に、パフォーマンス（業績）を縦軸に置き、九象限のマトリクスで人材をレーティング（格付け）していく。左下が最低評価で、高い評価を得ると右上にプロットされて昇格・昇進となる（**図表4-1**）。一九九九年にGE日本法人（GEジャパン・ホールディングス、現日本GE）が設立されて以降、日本国内では大企業を中心に導入が進んだ有名な

図表4-1◉GEの「9ブロック」

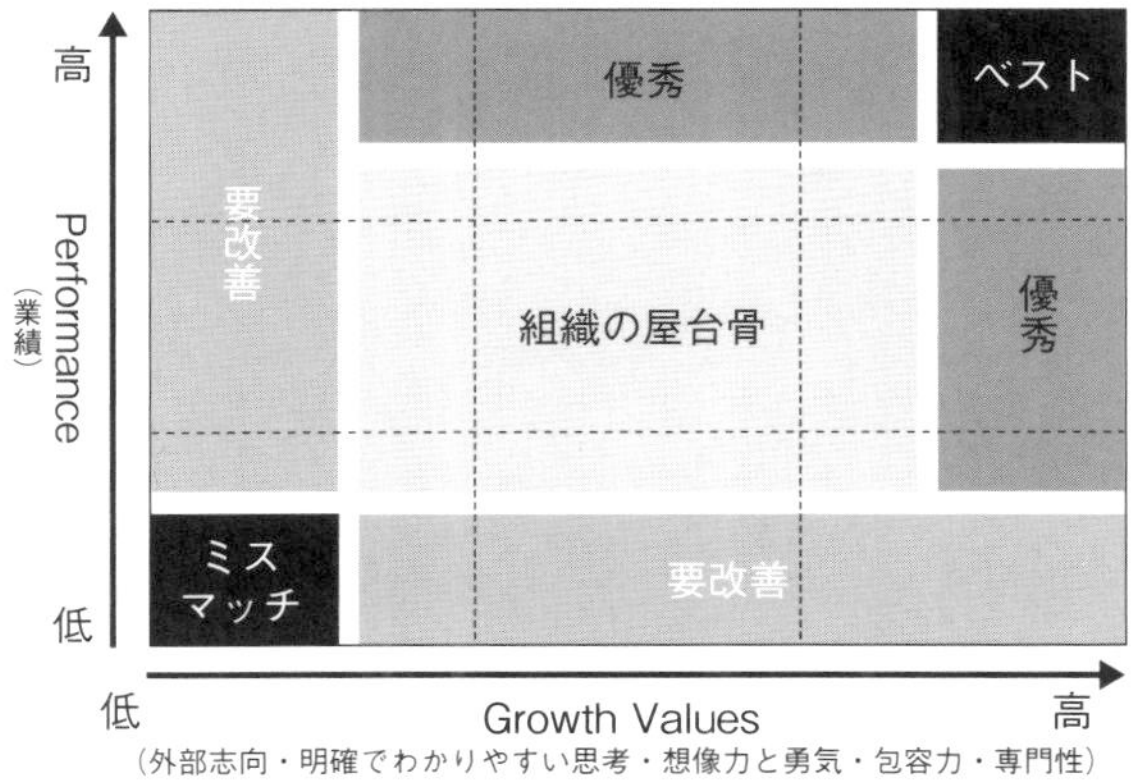

出所:熊谷昭彦著『GE変化の経営』(ダイヤモンド社)を基にタナベ経営が加工・編集

モデルである。

GEといえば「最高レベルの有能な人材が集う企業」（ジェフリー・イメルト元会長兼CEO）を自負し、競争力の源は人材であると公言するグローバル企業である。ニューヨーク郊外に世界初の企業内大学「ジョン・F・ウェルチ・リーダーシップ開発研究所（通称・クロトンビル）」を設立（一九五六年）し、若手からシニアまで世界一〇〇カ国以上の社員が集まり、トレーニングを受けている。人材育成に対し毎年一〇億ドル（約一二〇〇億円）を投資するとされ、同社のトップをはじめとするシニアリーダーらは執務時間の三分の一を人材教育に充てており、イメルト氏自らも研修講師を務めて参加者と討議するなど体験や学びを共有している。

そんな人材開発のエキスパートであるGEが開発した〝最強の人事評価ツール〟として、世界中の企業がこぞって9ブロックを導入した。それだけにGEが自ら仕組みそのものを捨てた衝撃は大きく、はしごを外される形となった導入企業の人事部門では、困惑と動揺が広がった。現在GEでは、「PD（パフォーマンス・デベロップメント）」と呼ぶ新たな人事評価システムを導入し、年一回の格付け評価をやめ（ノーレーティング）、タッチポイント（上司と部下との一対一の面談）を通じた日常での都度評価に移行した。いまやGEだけではなく、マイクロソフトやグーグル、P&G（プロクター・アンド・ギャンブル）、アドビなどといったグローバル企業が、ノーレーティングやタッチポイントを導入している。

最近は、靴・アパレルのインターネット通販会社ザッポス・ドットコム（米国）が運用していることで知られる「ホラクラシー組織」（社内の役職・階級を廃止したフラットな組織）や、階級・階層の廃止に加え職務内容や給与などの決定権限を社員自身に委ねる「ティール組織」など、次世代型の組織形態が登場しており、従来の人事制度からの脱却（人事制度改革）が世界的な流れとなっている。

日本企業の人事制度の変遷

人事評価制度のイノベーションが起きている世界に対し、日本の現状はどうなのだろうか。日本企業の人事制度の特徴といえば「年功序列」「終身雇用」「企業内組合」「新卒一括採用」「定期的人事異動」「職能資格制度」「定年制度」などであるが、これらは他の先進国に見られない制度・慣行であり、世界的にも異質といえる人事制度を長らく運用してきた。バブル崩壊（一九九一年）やリーマン・ショック（二〇〇八年）、また新型コロナウイルス感染症の世界的流行（二〇二〇年）などを経た現在は、ジョブ型雇用・通年採用・成果主義を柱とする欧米型人事制度に近づける動きが進んでいる一方で、合理性より義理と人情が重んじられる情緒的な運用も根強く残っている。

日本企業の現状の人事制度、賃金制度を見ると、戦後から高度経済成長期の、生活給（社員の生計費に配慮して決める賃金）をベースに形成された年功序列型が、今でも多くの企業で見受けられるのが実態である。これまでにも、経済状況が不況になると、「より成果型に」「より職務型に」と見直しは提唱されてきた。その結果、目標管理制

図表4-2◉日本企業の賃金制度の変遷

Ver.	賃金制度	年代	概要
1.0	生活給	1950〜1970年代	生計費や年齢・勤続年数に応じて決まる賃金（電産協「電産型賃金制度」）
2.0	職能給	1970〜1990年代	職務遂行能力を基準に決まる賃金（日経連『能力主義管理』）
3.0	成果給	1990〜2000年代	業績や成果を基準に決まる賃金（富士通「目標管理評価制度」）
4.0	職務給	2000年代〜	担当職務や役割を基準に決める賃金（キヤノン「役割給制度」）

度を部分的に導入したり、職務に応じた賃金体系を一部だけ導入したりした企業もあったが、全面的に成果型、職務型に移行した企業は非常に少なかった。

なぜならば、従来の日本的組織から脱却ができなかったからである。その背景には、一家の大黒柱である男性社員が家計を支えるために、雇用の安定によって安心感が与えられる終身雇用を企業が続けたこと（経営家族主義ともいわれる）、あるいは、同質化を進めて共同体意識を高めることで社員の定着率を高め、忠誠心を強めていくという経営者の意識があったからだ。その結果、今でも年功序列的な人事制度が多くの企業で残っているのである。

人事・賃金に関する制度は、これまでま

ったく変わってこなかったわけではないが、時代の流れのなかで、現在に至るまで、制度がつくられたときのままの実態を残している企業も多い。そこで、日本企業の人事制度がどのように変化してきたのかを押さえるため、人事・賃金制度の変遷を大きく四つに分け、それぞれ設計思想ごとにその特徴を整理しておきたい（図表4-2）。

1 生活給

終戦直後の日本企業は、世帯生計費に応じて金額が決まる「生活給」的な位置づけで賃金を支払っていた。当時の日本は敗戦による生産力低下で物資が不足し、ハイパーインフレ（急激な物価上昇）が発生して混乱の極みにあり、人々は生活することさえままならない厳しい社会環境であったことから、何よりも「食える賃金」「生活できる賃金」が必要とされていた。終戦翌年（一九四六年）に「労働組合法」が施行され、全国で労働組合の結成が相次いだ。そのうちの一つ、電力会社の単産（産業別単一労働組合）だった日本電気産業労働組合協議会（電産協）が、生活保障給に加えて勤続給や年齢給、能力給、家族手当などを組み合わせた賃金体系（いわゆる電産型賃金制度）を提起し、激しい賃金闘争を経てそれが広く普及した（生活関連手当などが賃金の内訳の大半を占める「生活給」は、今でも多くの企業で残っている）。

こうした生活給に対して、企業は組合からの交渉に応じて、生計費増・生活水準の向上に合わせる形でベースアップ（基本給に対する昇給率、社員全員の一律昇給）を中心に賃金を引き上げてきたが、一九五四年にベースアップとは明確に区分する「定期昇給制度」が日経連（日本経営者団体連盟、現日本経済団体連合会）から提唱されたことを受けて、これに基づき、生計費増に対応した定期昇給（個人の社歴や能力に応じた昇給）が広く普及していった。当時の日本企業は、年々急成長を遂げるとともに、新しい事業の創造が求められたことにより、組織内のポストの数も増え続けていった。従業員にとっては、勤続年数を重ねることで定期的に昇給する満足感と昇進への期待感を得ることができ、個々人の価値観ともマッチしていた。企業にとっても成長のためには社員の定着が必須であり、生活給による年功型賃金制度は重宝され、多くの企業で整備されていった。

2　職能給

日本の敗戦直後、ＧＨＱ（連合国軍総司令部）の要請によって米国から労働諮問委員会が来日して、労働の対価として合理的な職務給を導入すべきとの勧告を行っている。しかし、当時の日本は、「職務」という概念に対して未熟だったこと、また、そもそもの賃金が生活できるギリギリの水準であったこともあり、年功給（加齢などとともに昇給する賃金）と職能給（能力向上とともに昇給する賃金）とを組み合わせる形で、日本独自の賃金モデルをつくっていったのである。

ところが、東京オリンピック後の深刻な不況（証券不況、一九六四〜六五年）によって、企業の成長は鈍化し、組織内の役職ポスト不足が表面化した。また、高度経済成長を通じて消費者の価値観も変わり始め、量的拡大から質的向上が求められるようになっていく。このような環境のなかで、従来のような年功的な賃金では、社員の高齢化も見据えると原資の増大が徐々に経営を圧迫することが、危機感として醸成されていったのである。さらに、長期雇用のなかで流動的な仕事の与え方や異動・配置を行っていたこと、長期的な人材育成を行っていたこともあり、人事制度自体が硬直化してしまい、見直しをかけてこなかったことも問題として認識され始めていた。

そこで一九六九年、日経連は、自ら出版した『能力主義管理——その理論と実践』のなかで、国際競争下で足かせとなっていた年功主義から脱却するため、社員を職務遂行能力のレベルで格付けし、その等級に応じて賃金を払う職能資格制度（職能給）を提唱した。仕事をやり遂げる力が上がれば出世と昇給の道が開かれることから、社員の定着率向上や能力開発への意欲喚起を図れるメリットがあった。

3　成果給

職能給の仕組みは、年功制からの脱却や長期運用がしやすい人事制度として多くの企業で導入され始め、安定成長期（一九七三～九一年）における日本企業の代表的な賃金制度となった。しかし、実態としては職能（人・能力）を評価する基準が抽象的になってしまい、結局、現場では年功的な運用が残ってしまった。ただし、日本経済がバブル経済に突入して成長基調が続いたため、賃金の支払い能力の面では、企業が危機感を持つほどにはならなかった。

ところが、バブル景気が崩壊（一九九一年）すると、二〇〇〇年以降は「失われた二〇年」ともいわれるほどの低成長期に入り、人件費・要員の適正化や賃金の合理的決定方法について、企業の関心はよりいっそう強くなった。また、少子高齢化が急速に進行するなか、ピラミッド型の人員構成を前提とした年功型を見直し、成果や職務に連動した賃金制度への転換が提唱されるようになる。そのため、人件費削減と組織のスリム化を急ぐ企業を中心に、日本型経営（年功序列・終身雇用）を見直そうとする機運が一気に高まった。

そうしたなかで、目標達成度（業績）に対する評価や一定期間の成果を基準に、賃金（成果給）を決める成果主義を日本企業で初めて導入したのが富士通だった。一九

図表4-3◉富士通の人事制度改革の流れ

年	内容
1993年	目標管理評価制度を導入
	社内募集制度を導入
1997年	幹部社員に対し等級制度を導入
1998年	一般社員に対しFunction区分/等級による人事制度を導入。これに伴い幹部社員を含めて資格制度を廃止
	一般社員に対し会社業績を反映した賞与を導入
1999年	年金・退職金制度の改訂
	幹部社員に対し会社業績を反映した賞与を導入
2001年	目標管理評価制度を成果評価に改訂（プロセス重視によるチャレンジ支援）
2003年	FA制度の新設
2004年	幹部社員に対し従来の等級制度を廃止し、能力を基軸とした区分制度を導入
	組織評価を導入し、幹部社員の賞与へ反映（For the Team/フォア・ザ・チームの重視）
2005年	年金制度の改訂
2006年	全社横断的なプロフェッショナル認定制度を導入
2007年	Function区分および等級定義書の見直し
2010年	Function区分/コンピテンシーグレード制度による人事制度の導入
2014年	年金・退職金制度の改訂
2018年	年金・退職金制度の改訂
2019年	フレックスタイム制勤務制度見直し（多様で柔軟な働き方支援の一環として「適用対象者の拡大」「コアタイムの見直し」「コアタイムのないフレックスタイム制の柔軟な適用/最低勤務時間の見直し」）
2020年	国内グループの幹部社員を対象に、一人ひとりが果たすべき職責を明確に定義し、その職責に応じた報酬設定と柔軟な人材配置を実現するジョブ型人事制度を導入

出所:富士通「富士通データブック」(2020年8月18日)

九三年、管理職を対象に目標管理評価制度を導入し、その翌年には裁量労働制（SPIRIT〈スピリット〉）と年俸制（幹部社員）、九六年には管理職に等級制を導入したほか、目標管理評価制度の対象を一般職にも拡大。九八年には従来の職能資格制度を廃止して「ファンクション区分／等級人事制度」へ切り替え、成果主義を全社員の月給・賞与に反映させた（**図表4-3**）。しかし成果主義は機能せず、同社は二〇〇一年に制度を改定して軌道修正を余儀なくされた。

4 職務給

富士通が方針を転換した二〇〇一年に、「職務給（役割給）」を日本で初めて採用したのがキヤノンである。職務給とは「労働者の担当する職務（仕事）を基準に定められる賃金」をいう。同社は二〇〇一年、管理職者を対象に定期昇給を廃止し、成果や役割に応じた給与を支給する新しい人事評価システム「役割給制度」を導入した。二〇〇五年からは一般社員にも同様の制度を拡大。従来の年功的処遇体系から欧米の職務給的要素を取り入れる賃金制度改革に着手し、導入と同時に定期昇給制度や住宅手当、家族手当など諸手当もすべて廃止した。導入三年目には三〇〇人が管理職層へ昇格した一方、一五〇人が降格したといわれている。

同社の制度は、仕事の難易度などに基づく役割等級によって基本給を定め、一年間の業績やプロセス・行動を評価して年収を決定するというものだ。賞与には個人の業績だけでなく、会社業績も反映される。給与の昇給額・昇給率、賞与の原資・支給額などについては、キヤノン労働組合と年三、四回開催する委員会で、労使が定めたルールに則って支給されていることを確認し、その議事録を社員全員に公開している。また、賃金制度の運用や改善についても同委員会において労使で議論しているという（参照／キヤノン「サステナビリティレポート２０２０」）。

人事評価制度の現状

日本企業の賃金制度の変遷について、大きく四つに分けて述べてきた。次に、現在の賃金制度の動向を見ていくこととしよう。日本の一般的な賃金体系（図表4-4）は月例賃金（月給）、賞与（ボーナス）、退職金の三つからなり、このうち月給は基本給、諸手当（役職手当や家族手当など）、割増賃金（残業代など）で構成される。基本給の要素として「年齢・勤続給（いわゆる年功給）」「職能給」「役割・職務給」「業績・成果給」の四つがあるが、いずれかを単独で運用するケースもあれば、キャリアの段階に応じて構成要素を組み替え、ウエートを変えるケースもある（図表4-5）。

日本生産性本部の調査データ（図表4-6）によると、非管理職層は「職能給」の導入率が七〜八割で安定的に推移（管理職層は五〜六割）する一方、仕事や役割の重さなどを反映した給与である「役割・職務給」の導入率が右肩上がりで増加。一九九九年の一七・七パーセントから二年後（二〇〇一年）には三割を超え、〇七年以降は五割強で推移（管理職層は七割）している。これは前述したように二〇〇〇年以降、職務給制

図表4-4◉日本の一般的な賃金制度

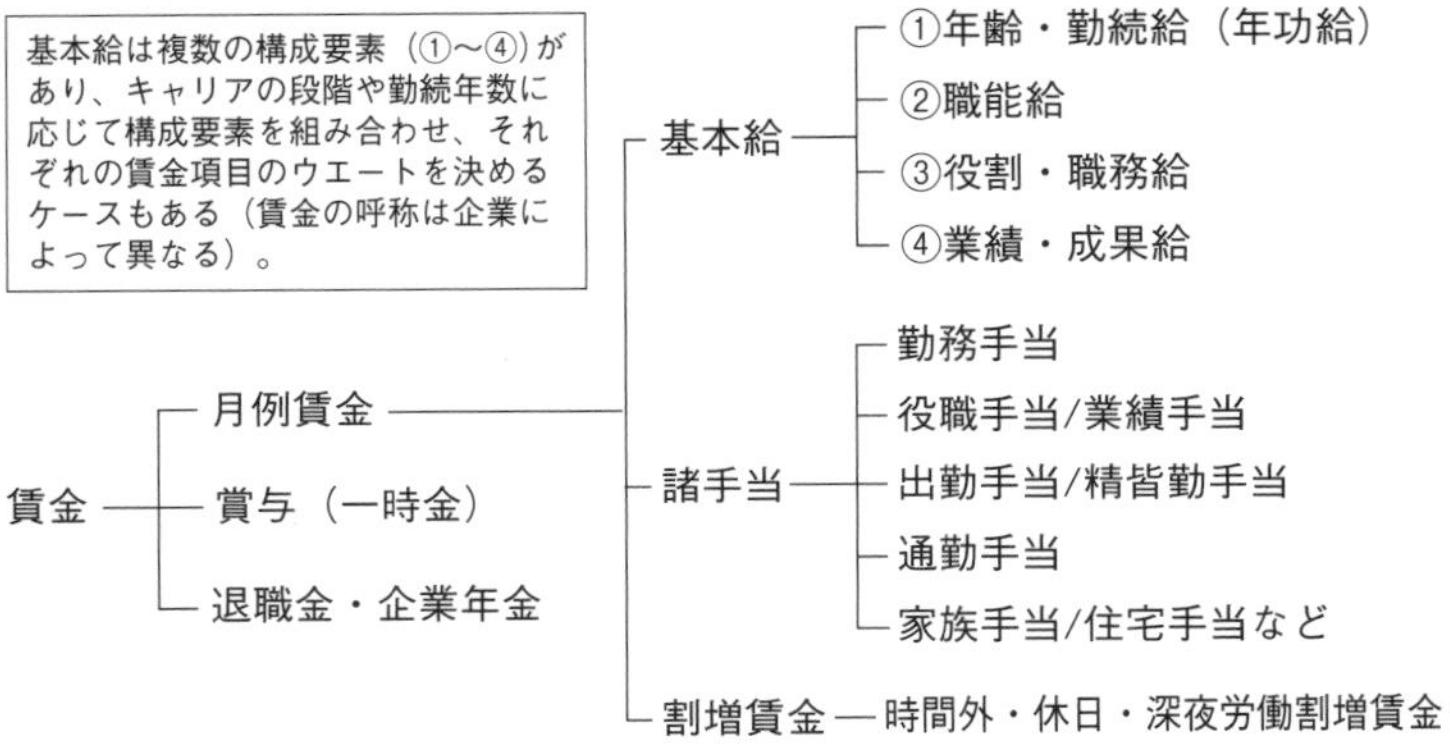

出所:厚生労働省「同一労働同一賃金の実現に向けた検討会中間報告参考資料」（2016年12月16日）を基にタナベ経営が加工・編集

図表4-5◉キャリアの段階と賃金項目の組み合わせ（イメージ）

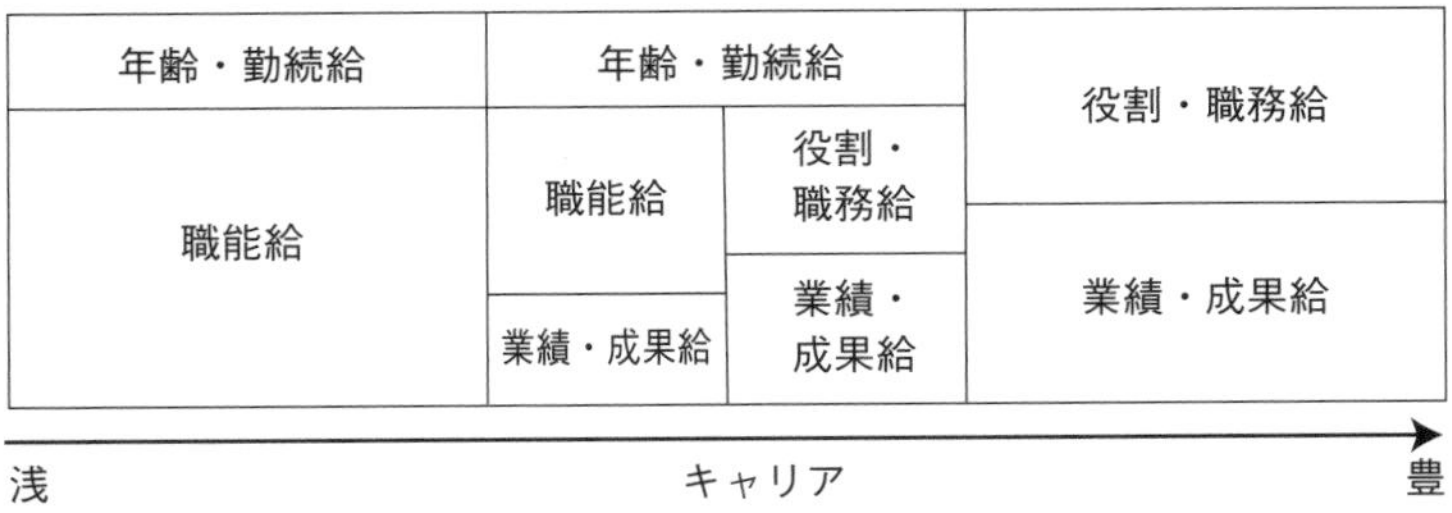

出所:厚生労働省「同一労働同一賃金の実現に向けた検討会中間報告参考資料」（2016年12月16日）を基にタナベ経営が加工・編集

図表4-6◉非管理職層の賃金制度（体系）導入状況

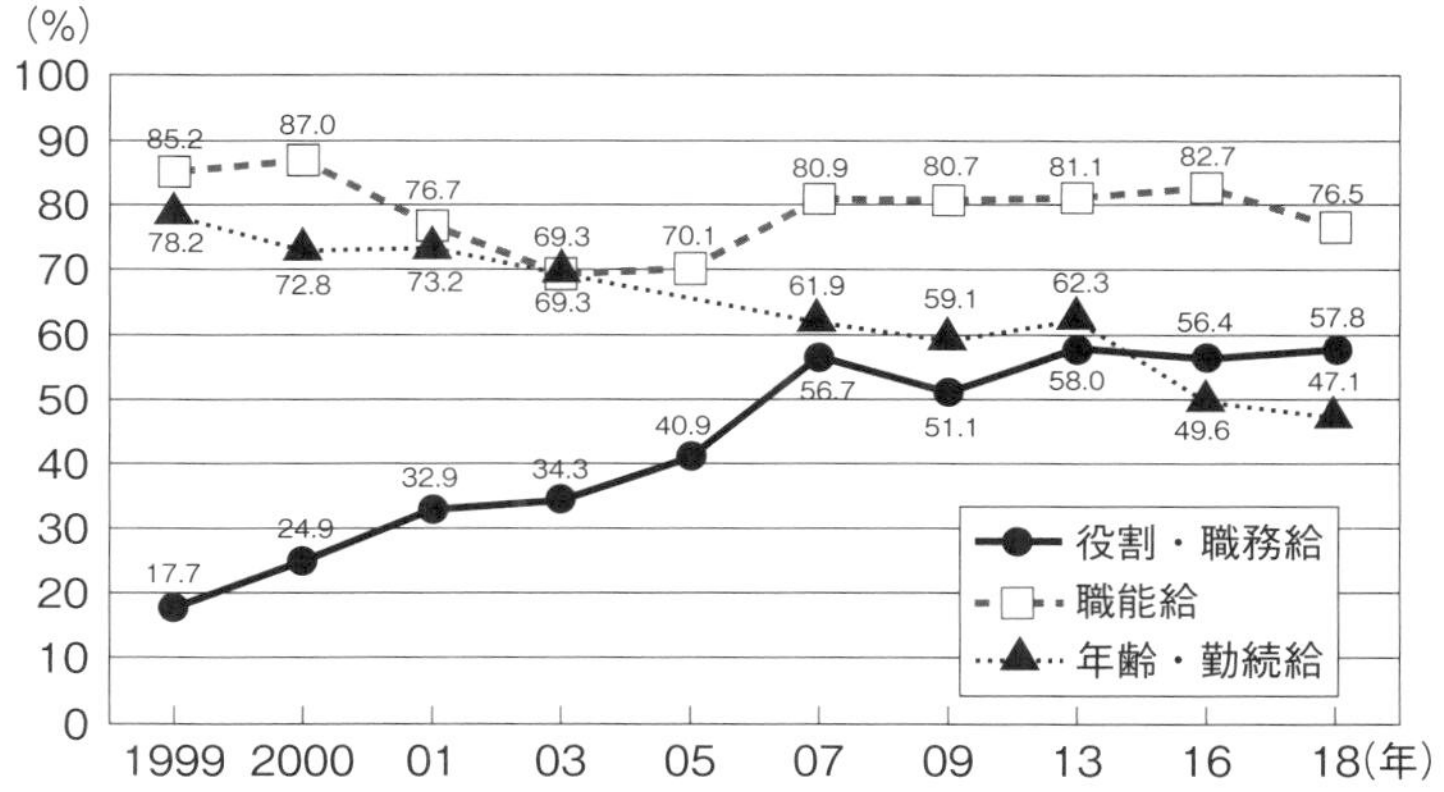

出所:日本生産性本部「第16回日本的雇用・人事の変容に関する調査」(2019年5月16日)

度の導入が進んだことが背景にある。半面、「年齢・勤続給」は九九年の調査以来、ほぼ一貫して下がり続けており、二〇一八年の調査では四七・一パーセントと二年連続で五割を切った。全体的には役割・職務給が浸透しつつあるものの、依然として従来型賃金（年功給や職能給）も根強く運用されているのが現状である。

では、企業の人事評価制度に対し、働く人たちの評価はどうなのだろうか。クラウド人材管理システム会社の「カオナビ」（東京都港区）が社会人六〇〇人に行った調査（実施機関・カオナビHRテクノロジー総研、二〇一九年一〇月）によると、会社の人事評価結果について「満足している」と答えた人は一九パーセントと二割に満たなかった。

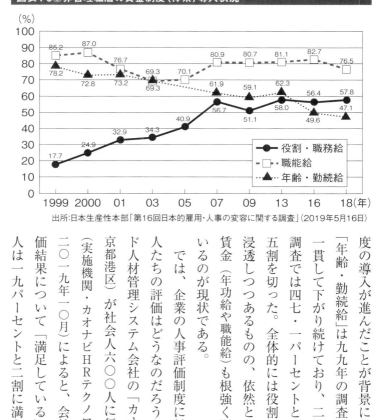

「どちらでもない」（三九・七パーセント）と「満足していない」（四一・三パーセント）を合わせ、八割超の人が何らかの不満を持っていることがわかった。不満な点を尋ねたところ、「結果に納得感がない」（五五・九パーセント）が最も多く、次いで「評価者が信用できない」「理由に納得感がない」「評価項目・目標設定が不適切」などがすべて四〇パーセント弱となっている。一方、「期中で状況が変わったことが考慮されていない」と答えた人（一六・六パーセント）はほかの項目の半分以下にとどまっており、環境変化による目標設定とのズレを問題視する人は意外に少ないことがわかる（**図表4-7**）。

そもそも人事担当者自身が、自らに対する会社の評価に納得できていないことも少なくない。就職情報サービス大手の学情（大阪市北区）が企業の人事担当者に行った調査によると、「人事の仕事は社内で評価されていない」と考えている人が約三割（三一・五パーセント）を占めた。「評価されている」と回答した人は七割弱だったが、その内訳を見ると「どちらかというと（評価されている）」という消極的なものが大半だった（**図表4-8**）。評価されていない人の自由回答と見ると、「営業部門が花形だから、やっている業務が理解されていない」「現場との温度差を感じる」「人事のスキルの専門性が評価されにくい」といった声が見られた。

図表4-7◎人事評価結果について不満な点

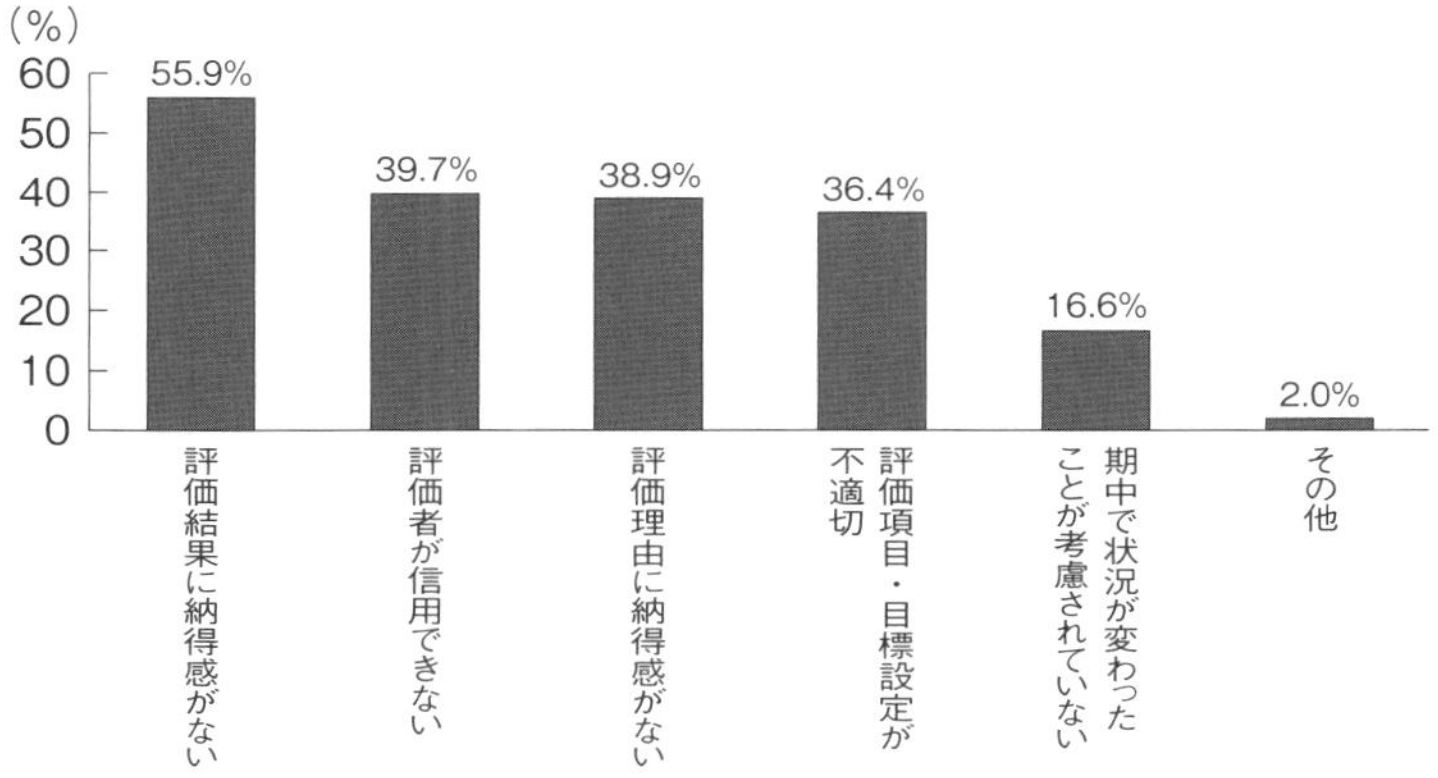

出所：カオナビ/カオナビHRテクノロジー総研
「人事評価に関する調査結果」（2019年10月15日）

図表4-8◎人事の仕事は社内で評価されているかと思うか（n=143人）

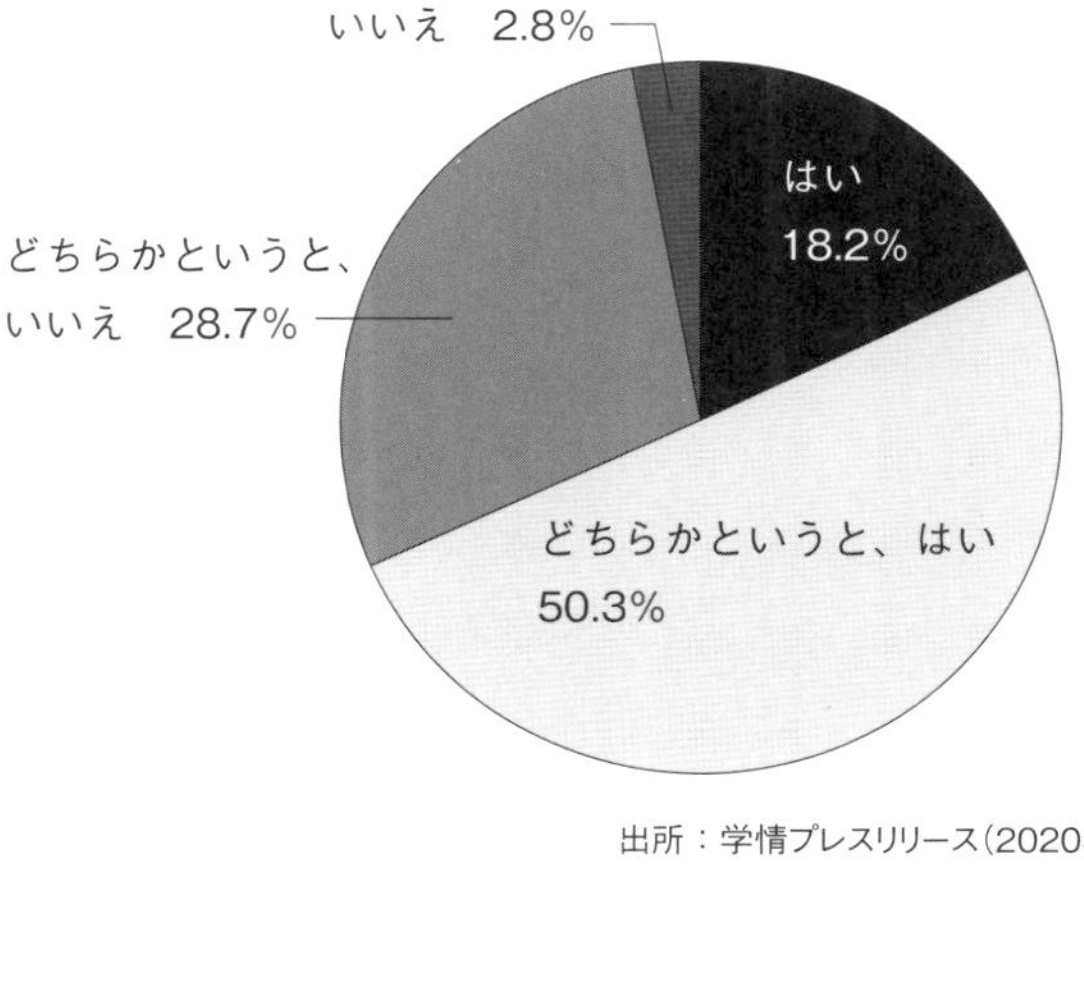

出所：学情プレスリリース（2020年11月17日）

「人事評価に不満はつきもの」とはいうものの、社員の納得感を軽視して制度改革や運用の見直しを放置すると、職場の生産性が下がるばかりか人材の流出にもつながりかねない。「人事評価をＡＩに代行させればいい」との声も聞かれるが、どのような過程と根拠によって評価が決められたのかを誰も説明できず、人事評価がブラックボックス化するという懸念もある。いずれにせよ、社員の納得感を高めるため、公平・公正かつ可視化された人事評価制度の構築が重要な経営課題となっている。

新しい働き方がもたらしている組織戦略上の課題

コロナ禍の影響を受け、働き方が大きく変わっていくなかで、社内における組織施策や風土においても変化が起きている。

例えば、テレワークが導入されてから、職種によっては毎日の通勤が必要なくなった社員がいる。人事部では、社員の多くを在宅勤務に切り替えたことで、これまで通勤手当やオフィスに莫大なコストをかけていたことが目に見えてわかってきた。そして、会社に通わなくても仕事ができることを確認したため、通勤手当の支給を停止する企業も出始めている。企業が一度カットしたコストを復活させるためには、相応の理由がなければならない。しかし、コロナ禍をきっかけとしたテレワークの広がりが、一過性のものではなく、今後のスタンダードとして定着すると判断し、通勤手当の必要性について見直し始めているのだ。

また、仕事のスタイルも変化してきている。これまでは、制服・スーツでの仕事が当たり前だったが、在宅勤務・テレワークの広がりによって、カジュアルな服装で仕事をするスタイルも定着しつつある。製造業・建設業・接客業などにおいて、安全衛生上の理由から制服着用を義務づけている企業もあるが、従来の日本的組織の特徴でもあった「同質性」を保つための制服（特にオフィス系の業務の社員）という概念がなくなってきたのである。

私たちも、在宅勤務・テレワーク中のクライアントとＷｅｂ会議を行うと、よほどフォーマルなものでなければ、ジャケットを着用しない、Ｔシャツ一枚などのケースも多くなっている。福利厚生として制服を支給・貸与していたこと自体について、今後は必要性を再考する必要が出てきているのである。

カジュアルになっているものは、服装だけではない。仕事の進め方も、メールではなく、チャットを使用したものに変化している。上司と部下との間でも、以前よりもっと気軽なコミュニケーションが主流になっていくだろう。

さらに、働く場所が会社ではないとなれば、極論、どこに住んでいても仕事ができるということでもある。したがって、企業は優秀な人材がどこに住んでいても採用できるようになるということでもある。例えば、地方に住むエンジニアを社員として採用し、地方の社員は在宅勤務で仕事をこなし、打ち合わせはすべてＷｅｂで行う企業も出てきている。日常的な上司とのコミュニケーションも前述のような気軽なチャット機能を使用して行われる。しかしこれは、自社の社員が自宅にいながら遠隔地の企業に転職するリスクも増えるということでもある。

いずれにせよ、在宅勤務が広がるこれからの時代、地方人材の獲得競争が激化していくと考えられる。

これまでの人事制度は機能不全に

このような新型コロナウイルス感染症拡大による社会情勢の変化で、急速にテレワークが普及した結果、多くの経営者から相談いただいたのが人事評価である。これまで、会社で顔を合わせて仕事をすることが当たり前だったなかでは、日々の行動観察や仕事への取り組み姿勢、コミュニケーション力など、能力を評価する機会が日常のなかで多くあった。

ところが、テレワークでは、今何をやっているのか、管理職がまったく見えないなかで評価をしなければならなくなった。もちろん、上司はテレワーク中も電話やWeb会議システムを使って部下とコミュニケーションをとっているものの、Web会議システム画面に映った範囲と音声、電話でやりとりした内容しか情報はない。部下（被評価者）がほかの社員や顧客、取引先とどのようにコミュニケーションをとっているかはまったく見えないのだ。

しかも、このテレワークは一過性のものではなく、多くの企業で今後も定着するとの見方が出ている。つまり今後は、場所や時間にとらわれないITを活用した働き方が、さらに加速することが予測される。よって、これまでの行動管理を通じた能力主義的な人事制度が機能不全を起こし始めるだろう。

もう一つの大きな変化としては、これまでの同質化・共同体意識の強かった日本的組織では考えられなかった、組織政策の一律化からの脱却である。多くの企業は政府の外出自粛要請になるべく応じるため、全社一律ではなく、可能な部門・職種はテレワーク、そうでない部署はマイカー出社・シフト勤務といった具合に、部門・職種ごとの施策を実施した。

働き方改革の一環としてテレワークの導入を検討していた企業は、テレワークが活用できる一部の部門や職種があることを理解しておきながら、導入が困難な部門・職種への配慮や、全社の一体感を損なう懸念からあまり積極的な活用を進めなかった。ここにも、従来の日本型組織の特徴が現在まで引き継がれてきていることが垣間見える。つまり、コロナ禍の外出自粛要請によって、日本の企業に染みついていた「特定の部門・職種ではよいが、全社ではできないから導入しない」という従来の日本型組織の〝全社一律主義〟が強制的に崩されたということである。

そう考えると、終身雇用や年功賃金に代表される日本型組織の慣行が、いよいよ終焉に向かうきっかけとなったのだ。これまでにも、リーマン・ショックなどの経済危機に直面するたびに、終焉するといわれながら日本型組織の慣行が継続した理由は、この全社一律主義によって阻害されてきたからだ。テレワークと同様に、新卒採用の通年化、初任給の引き上げ、成果型・職務型の人事制度の導入も、選択定年制も、この数年、日本企業が悩んできたテーマの多くは、ほぼすべて「全社一律ではできないから導入しない」という状況だった。

二〇二〇年の新型コロナウイルスの感染拡大を受け、企業が部門別・職種別（なかには個人別）で働き方の見直しへ対応したことは、今後の働き方を全社一律ではなく、部門や職種ごとに適したものへ多様化させる大きな一歩になる。そして、冒頭でも述べた「テレワークになって評価ができない」という機能不全についても、部門や職種ごとの働き方に適した人事制度へとシフトしていかなければならないことを示唆しているといえる。

今後の働き方をどうしていくのか。この判断は部門・職種ごと、また個人ごとに業務の効率性を踏まえて判断されていくことになるだろう。そのうえで、あらゆる組織の施策が、職場やその仕事内容、メンバー構成に基づいてそれぞれ判断されていくことになる。全社一律の休日・休暇を協議するといった労使慣行はもちろん、さまざまな決めごとが、全社から部門単位に権限委譲され、同じ会社にいながらも、実態に合わせて組織施策が異なるということが当たり前になっていくのである。

今まで全社一律で行うことが常識だったことも、一度「脱・一律」で考えてみると、実は非効率だったと気づくものがたくさんある。生産性の向上を図らなければならない今の企業においては、組織施策、特に人材マネジメントの根幹を成す人事制度については見直さざるを得ない状況にあることを、経営者は理解しておく必要がある。

同一労働同一賃金も始まった

二〇一九年から順次施行された働き方改革関連法。新型コロナウイルスの感染拡大を受け、ややその影に隠れてしまったようにも見えるが、二〇二〇年四月から、パートタイム労働者・有期雇用労働者・派遣労働者といった非正規雇用の労働者に対して不合理な待遇差をなくすための「同一労働同一賃金」が施行されている（中小企業は二〇二一年四月一日より施行）。

改正のポイントは次の三点である。

1　正社員と非正規社員との間における不合理な待遇差の禁止／合理性の判断基準の明確化
2　非正規社員に対する待遇に関する説明義務の強化
3　同一労働同一賃金に関わる行政対応の強化

非正規社員と正社員の待遇に差があることについての合理性を説明できれば問題ない。しかし、その合理性を説明できない場合には、非正規社員の業務内容や待遇を見直す必要がある。

例えば、「正規」と「非正規」の基本給水準の格差を、転勤や職務転換の有無によって説明しようとするならば、「正規」のなかに「地域限定社員」や「職務限定社員」がいる場合、その社員との比較において格差の合理性を説明することは難しくなる可能性がある。手当や福利厚生などの待遇ごとに、格差の説明を個別に考えるだけでは不十分であり、「正規」と「非正規」の位置づけを総合的に考え、賃金制度を根底から見直す必要も出てくる。そこに、企業のなかの「正規」と呼ばれる社員にも、勤務地限定や職務限定の働き方をしている社員がいること、在宅勤務が前提の社員もいることなど、多様な働き方が存在するようになったことも組み込まなければならない。

従来の日本的組織の慣例であった、「正社員はフルタイムで勤務することが当たり前」「忠誠を誓った会社からの転勤辞令は甘んじて受ける」、それらすべての条件を受け入れることができない社員の雇用形態は非正規社員にするなど、社員を「正規」と「非正規」という二項対立構造で捉えていてはこの問題に対応できない。雇用形態にかかわらず、働き方や期待役割の分類を整理し、その分類と待遇の違いが合理的に説明可能な状態になっているかを検証していくことが求められているということである。その結果として、「正規」という括りのなかに入っている、しかも勤続年数が長いというだけで高待遇を得ている人材については、待遇の見直しも必要になってくるだろう。

経営者が、従来の日本的組織の考え方から脱却し、「正規」にも「非正規」にもキャリア観や能力が多様な人材が混在して今の組織が成り立っていることを理解し、キャリア観や働き方、そして能力や職務の違いに応じた合理的な待遇を実現できるように、人事制度のプラットフォームから再構築をしていくことが必要だ。

組織戦略の大転換

働き方の変化や同一労働同一賃金などの法改正によって、賃金や評価、上司・部下とのコミュニケーション、地方における人材獲得競争など、従来の組織戦略の前提条件であった「当たり前」が、大きく変わってきた。これまで「全員が出社する」という慣例で仕事をしてきた日本的組織にとって、「ハコモノ（建物）」の会社・職場は顔を合わせるハード的な場所の存在にすぎないことが明らかとなり、企業によっては、そもそもオフィスを構えることの必要性すら再検討され始めている時代である。新しいビジョンを描き、戦略を策定し、それを実現するための組織戦略が大転換を迎える時期になったのだ。

まずは、テレワークが定着しつつある現在において、真っ先に取り組むべきことは、これまでの「ハコモノ（建物）」としての会社・職場に代わる、バーチャル空間や会社という一つの価値観でつながるコミュニティーなど、新しい「職場」づくりである。世の中の変化があるときは、優秀な社員ほど自分の人生のあり方を考えるものだ。なかには世の中の変化をきっかけに、離職を考える社員もいるかもしれない。

従来の日本的組織では同質化が特徴であった。そのメリットとしては、暗黙知的に自社の価値観が浸透していることであった。しかし、日本的組織が破綻した現在においては、個々人の価値観と企業の価値観の両方の一致点を見つけることでエンゲージメント（帰属意識）を高めていくことが、組織の一体感醸成につながる。個々人の価値観をこれまで以上に尊重しつつも、共通目的、共通目標が共有されて初めて個々の力が生かされ、組織力の発揮につながるのである。

そういう意味では、今後は暗黙知的に価値観が伝わることを期待するのではなく、経営者自らが文字にする、言葉にする、率先垂範するなど明文化・形式知化していき、自社で働くうえでの共通目的・共通目標を発信していかなければならない。

社員がテレワークであっても、一人ひとりが会社・職場へのエンゲージメントを高められるよう、社長コメントを定期的に動画配信する、ビジョンブックを作成し全員に配布する、ビジョンブックを基にチーム単位でＷｅｂ会議システムを使ったディスカッションをするなど、経営者や人事部門は、ＩＴツールを活用して情報発信やチーム内でのコミュニケーションの活性化などのエンゲージメント強化策を、今まで以上に意識して行うべきである。

次に、あらためて生産性の向上を促進させることが必要である。テレワークでは、生産性が上がるという社員がいる一方で、生産性が低下する社員もいる。それは、家庭の事情で仕事に集中できないだけではなく、突如目の前に現れたＩＴツールを使いこなせない上司とのコミュニケーションがとりづらいなどの理由で仕事の進捗が遅くなる場合もある。

テレワークでは、生産性を向上させるために取り組むべき課題が多く存在するが、緊急度が高いテーマとしては、個人そして組織のＩＴツール活用の促進である。テレワークの環境を自宅に整備するために、通勤手当に代えて在宅勤務手当を支給する企業が増えてきている。また、人事部がＩＴツールの活用について研修を実施するケースも広がっている。一つひとつの施策は小さなことに見えるかもしれないが、人事部門がこうした個人と組織の生産性の課題に真剣に取り組まなければ、新しい事業戦略を支える、生産性の高い組織を実現することはできないのである。

そして、必ず取り組まなければならないことは、評価・賃金制度の大転換だ。テレワークが主流になり、管理職は部下の仕事の進捗管理、行動管理の限界を感じている。仕事のプロセスが見えない状況では、日本的組織において長年続いてきた仕事の取り組み方や姿勢を評価する手法が通用しなくなっているのである。そのことは、評価者である現場の管理職以外にも、テレワーク中の被評価者も「自分の何を見て評価されているのだろうか」と不信感を感じているおそれがある。

ただでさえ、評価・賃金については不平不満につながりやすく、納得感を醸成することが重要でありながら、新型コロナウイルスの感染防止に追われ、評価・賃金制度の見直しが後手後手になっている企業が多い。これでは、生産性の向上どころか、社員の定着すらままならない組織風土になってしまう。テレワーク環境下では、仕事の成果物と納期を決め、それに応じて評価することが最適だとされるが、かといって、成果主義をいきなり導入するのも混乱が生じかねないため、慎重に検討し対応していく必要がある。

人事制度は、評価制度だけではなく、賃金制度や等級制度、昇進昇格などのプロモーション施策などいくつかの制度・施策が連動することで機能している。そのため、評価制度だけを見直しただけでは、組織力の強化は図れない。先述の同一労働同一賃金への対応も漏れなく行わなければならない。

そこで、これからの人事制度全体の方向性と、経営者・人事部門が取り組むべきことについて提言する。

人事制度を検討するために「常識を変える」

人事制度を再構築するという観点から、あらためて常識がどのように変わっていくのかを整理しておく必要がある（図表4-9）。

まず、働く場所については、「集中から分散」へと考え方を転換していく必要がある。従来は、当然のように会社に出勤して集まって仕事をするということを誰もが疑わなかった。これは、日本の戦後から高度経済成長期を支えた働き方が労働集約型であったことが背景にある。テレワークが早くから普及したといわれる米国においては、そ

図表4-9◉人事制度の従来の常識を変える

	今まで	これから
働く場所（オフィス・工場など）	**集中**（集まる、移動が多い、働く場所が限定）	**分散**（間隔をあける、大人数の集まりを少なくする、移動を少なくする、場所を選ばない）
雇用形態	選択肢が増えつつある	選択の自由度が高い（**多様性**）
仕事内容	リアルで見える	テレワークが増えれば、リアルで見えにくい（**仕事・成果の見える化**が必要）
人事制度	人が軸（職能型）	**仕事軸**が増えていく
コミュニケーション手段	多様化しつつある	**さらに多様化**（面談・会議などオンライン活用が増える）

の広い国土において出勤して全員が一堂に会するということが難しく、テレワークという働き方が早くから取り組まれていた。これからは、働きやすさ、また感染症拡大防止のために、分散して働くということが常識になっていく。

テレワークは場所を選ばない働き方として最たる施策だが、出社しても席の間隔をあける、大人数で集まる場を少なくする、出張などの移動を少なくするなど、分散して働くことが常識となっていく。仮に、自社が分散した働き方をしなくても、顧客・取引先が分散した働き方に取り組んでいれば、必然的に訪問することができなくなるため、経済活動そのものの常識が変わるということでもある。そのため、いつまでも集中型の働き方を続けていれば、社員や顧客・取引先の安全を第一に考えていない会社として、採用ブランド、企業ブランドの毀損にもつながる可能性がある。

これまでの人事部門は、社員のことを第一に考えてきたが、顧客・取引先、求職者のことも視野に入れた人事制度の設計・運用が求められてくるということである。

次に、雇用形態。「男女雇用機会均等法」「女性活躍推進法」などの法改正によるワーク・ライフ・バランス（介護・育児・家事と仕事の両立）の実現や、労働力人口の減少に対応した人材確保・離職防止への機運の高まりによって、近年は「限定正社員（勤務地や労働時間を限定して働く正社員）」の導入・浸透が進むなど、「正社員はフルタイム」という従来の日本的組織の常識が少しずつ薄まっている。今後についても、「ブラック企業の存続は許されない」といった時代背景もあり、よりいっそう多様な働き方の選択肢が増えてくると考えられる。

出社をしないだけではなく、個人（副業・アルムナイ・フリーランスなど）との業務委託契約など、雇用契約以外で自社の競争力の源泉となる人材を確保するケースも増えてくるであろう。

仕事内容についても、これまでは常にリアルタイムで観察できる環境のなか、仕事のプロセスや取り組み姿勢などから能力を評価することが常識であったが、これからは、より成果で評価していくことになるだろう。一気に成果型を導入することにならなくても、目の前にいない部下の仕事のプロセスをいかに「見える化」していくかの重要度が増してくると思われる。そのためのＩＴ投資であったり、ＫＰＩ（重要業績評価指標）マネジメントなどの目標管理制度の導入・運用強化が考えられる。

ここまでの変化点を踏まえると、当然ながら人事制度も変わらざるを得ない。新しい時代に合った生産性の高い働き方を実現する、他社との競争力を高める人事制度でなければならない。ここで大きな変化点は、評価の対象軸を「人」から「仕事そのもの」にシフトさせることである。これまで「人の能力」を評価の対象にしてきたが、「仕事の成果」や「役割」の複雑度・困難度、責任度合いなどを明らかにし、その相対的な価値序列を等級制度などに格付けしていく人事制度に変わっていくということだ。

それは「正規」「非正規」という二項対立区分ではなく、非正規社員も含めた全社員を対象に含めた「仕事そのもの」を評価軸にすることで、同一労働同一賃金にも対応できる考え方である。

人事制度見直しの方向性

現在、多様な働き方や生産性向上、新型コロナウイルスの感染拡大を受け、労働者の仕事に対する価値観や、企業を取り巻く環境が大きく変わってきている。まさに今、評価・賃金について見直さなければならないタイミングにきているのだ。

過去につくられた生活給や年功的要素・職能給などが、現在の人事制度でいまだに残っている企業が多いのではないだろうか。もちろん、その時々の社員のニーズに合っていたため、今まで制度として残ってきたということもあると思う。ただ、新しい戦略が求められ、それを実現するための人や組織が求められているなかで、人をマネジメントする根幹の人事制度だけが戦略性を持たず、慣行主義的になってしまっていては、企業は今後長く存続することはできない。

多くの企業が、人の能力を評価基準にした「職能資格等級」で人事制度の基盤をつくっている。特定業務に対する能力ではなく、全般的な能力を評価し、等級ごとに格付けすることで基本的な処遇や配置、人材育成などを決定していく制度である。しか

図表4-10◉各等級制度の違い

基準・軸	人	仕事	
名称	職能資格制度	職務等級制度	役割等級制度
評価対象	人	職務	役割
特徴	仕事を通して能力が蓄積され成熟していくことを前提とする	属人的要素は排除し、仕事（職務）の価値のみを査定	職務（仕事）だけではなく、役割を持つ本人の能力も考慮する
人材像	主にゼネラリストを育成	主にスペシャリストを育成	人材のタイプにかかわらず個々の役割で規程

し、この制度では、仕事を通して能力がどの程度身についているかを観察しなければ評価ができないため、テレワークなど働く場所が「分散」するという常識の下では運用できない。

実際、私のもとに「テレワークになったら評価ができない」という相談が多く寄せられていることが、まさにその実態を表している。そこで、今後の見直しの方向性として、「仕事基準」で基本的な処遇や配置、人材育成などを決定していく制度である「役割等級制度」「職務等級制度」への見直しを提言する（図表4-10）。

1　職能資格制度

従業員の給与や処遇を、人（個人）の能

力を基準に格付けして決定するのが「職能資格制度」である。同じ仕事に長年従事することで能力が上がり、会社への貢献度もアップするという発想のため、運用の実態としては勤務年数が役職や給与に直結する年功的な傾向がある。そのため、「会社を辞めないこと」で従業員の処遇がアップする構造ゆえに、会社側はジョブローテーション（計画的人事異動）を行いやすく、ゼネラリストの育成に向いている制度である。その一方で、運用の現場では能力を無視した年功序列や、経営課題としては従業員の高齢化がそのまま人件費高騰につながるといった問題が生じている現状がある。

2　職務等級制度

能力主義が実態として年功制の要素を残してしまったために人件費がコスト増につながり、経営を圧迫するという危機感から注目されたのが、従業員が手がける職務そのものを評価基準にして格付けし、従業員の給与や処遇を決定する「職務等級制度」である。近年は「ジョブ型人事制度」とも呼ばれている。難易度や重要性の高い仕事を担当すれば、それが処遇に直結する制度なので、スペシャリストが育ちやすい仕組みでもある。しかし、「ジョブ・ディスクリプション（職務記述書）」に業務内容をすべて書き出し、全従業員がこなした仕事を事細かにチェックしなければならない制度ゆえ、複雑になりがちでまとまらないという難点がある。さらに、部門をまたいで「担当外の仕事」を手伝う場面が多い日本企業では、適切な運用ができないという点も問題視されている。

3　役割等級制度

職能資格制度と職務等級制度が持つ問題点をクリアし、かつ、会社ごとに柔軟な設定が可能なことで注目されているのが「役割等級制度」である。従業員の給与や処遇を、果たすべき職責や上げるべき成果などの「役割」を基準に格付けして決定するのが特徴である。そのメリットは、日本で固有の制度といわれ長く採用されてきた職能資格制度や、米国で誕生するも日本ではあまり定着しなかった職務等級制度と比べ明確である。経験がものを言う職能でもなく、従業員が手がける職務一つ一つでもなく、成果を上げるための〝役割〟を基準としているため、多くのメリットを生み出している会社もある。役割等級は、職能資格制度と職務等級制度の「いいとこ取り」をしたような制度で、社員の自律的な動きを促せる、組織のミッション・ビジョンに連動した価値基準が浸透する、組織や職務の変化に柔軟に対応できる、年齢にかかわらず評価されるため、社員のモチベーションアップにつながるなどの効果が期待できる。

ただし、どの等級制度であっても、画一的なフォーマット（様式）はない。そのため、「人事制度の目的は何なのか？（経営の目的や事業戦略との整合性など）」「何を軸にするのか？（人・能力を軸にするのか、職務・役割を軸にするのか）」「等級を何段階に分けるのか？」「給与とのひもづけをどうするか？」など、自社の組織形態や文化に合う等級制度の設計と運用が重要となる。

全社一律型から「多立型」人事制度へ

新型コロナウイルスの感染拡大を受け、テレワークが強制的にスタートしたとき、多くの企業は政府の外出自粛要請になるべく応じるため、全社一律ではなく、可能な部門・職種はテレワーク、そうでない部署はマイカー出社・シフト勤務といった具合に、部門・職種ごとの施策を実施した。社員の生命を守ること、そのなかで事業を継続するために、半ば強制的に従来の日本組織の特徴であった〝全社一律主義〟を捨てざるを得なかったのである。同時に、これは今後の人事制度も全社一律でなくなることを意味している。部門・職種・個人ごとに働き方が異なるため、部門・職種・個人ごとに設計・運用する多立型人事制度へのアップデートをしなければならないことでもあるのだ。

管理職と非管理職で賃金体系を別建てにしている企業は多いが、職務や職種ごとに体系を別建てにしているケースはまだ少ない。しかしながら、全社員の給料を足並みそろえてアップすることが難しい今、限られた人件費をいかに公正に分配するかが重要になってくる。経営者が納得性・公平性の高い基準により給料を決定しなければ、従業員の納得を得ることができず、モラルの低下を招きかねない。このようなことから、これまでの全社一律の人事制度・賃金体系は限界であることは明らかであり、求める成果の質の違いの観点から、社内の職務や役割を区分し、その職務・役割にふさわしい多立型の人事制度を導入することが不可欠である。また、同一労働同一賃金が施行されたことで、「正規」と「非正規」という雇用形態にとらわれない「総合人事プラットフォーム」としての人事制度でなければならないのだ。

まさに前例のない戦略的な人事への変革が必要である。

仕事軸で区分する

職務・役割等級を用いた総合人事プラットフォームとしての人事制度を構築するためには、正規・非正規を問わず、現在の仕事（もしくは新しい事業戦略上、新たに必要となる仕事も含めて）を整理して、区分していくことから始める。

例えば、職務を定型的か非定型的かで区分すると次のように区分できる。

1 定型的職務

現業技能職やオフィスの事務職、保安・警備の業務、狭い範囲の店内販売や接客、コンピューター操作など、基本的に定められた手順や判断により製品やサービスなどの成果物をアウトプットする職務。生産性向上のためには正確性と効率性（スピード）が求められる。

2　非定型的職務

研究・開発の業務、管理・企画・営業など、個々の持つ課題解決力・達成能力により、効率化を図り、付加価値を増大したり、新たな利益につながるシステムを開発したり、既存のシステムを更新したりする職務。これらの職務に求められる成果は「独創性と完璧性」である。難しい課題・職責に対していかに有効かつ行き届いた結果を出しているかで評価をされる。

(1)非定型的職務に求められる「独創性」

従来の方法や標準化された手段を当てはめられない高度・広範な知識を、展開能力、判断力を用いて自ら新しい方法や手段を生み出さなければならない。単なる習熟の長さよりも個人の能力、いわば独創力が求められる。

(2)非定型的職務に求められる「完璧性」

例えば、人事制度を企画するだけではなく、きちんと機能し、運用するところまでが求められるといったことである。

賃金体系

それぞれの職務・役割に応じた賃金制度を導入すべきであり、成果の質や表れ方の違いを反映した賃金項目や昇給方法を検討し、導入することが望まれる。ここからは、先述の定型的職務の賃金体系（図表４‐11）と、非定型的職務の賃金体系について、その設計思想を解説する。

1　定型的職務の賃金体系

(1)習熟度合いによって職務遂行速度や正確性が異なる定型的職務群

①職務給（単一型）＋習熟給（個々人の成果の違いを習熟度合いで見る）（図表４‐12）

②職務給（単一型：同じ仕事であれば誰が従事しても同じ賃金）＋習熟ランク給（個々人の成果の違いを習熟レベルで評価し、ランク付けする）（図表４‐13）

(2)着任時に完全な遂行能力が必要で、高度・複雑な定型的職務群（パイロットやバス・電車などの輸送用機器の運転手、ブルドーザーやクレーンなどの操縦士、薬剤師、医療検

図表4-11◉定型的職務の賃金体系

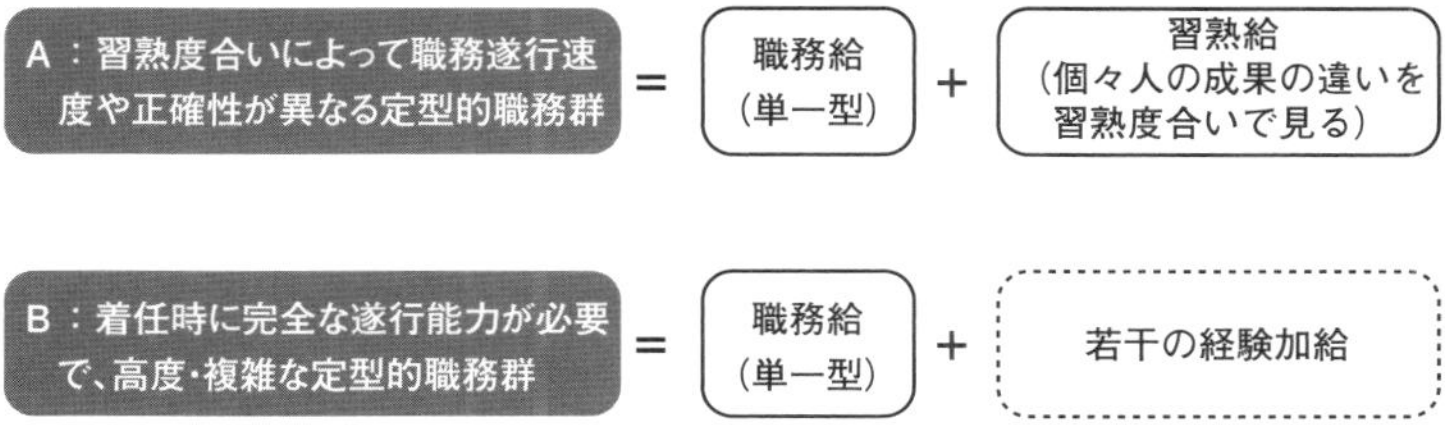

図表4-12◉職務給＋習熟給

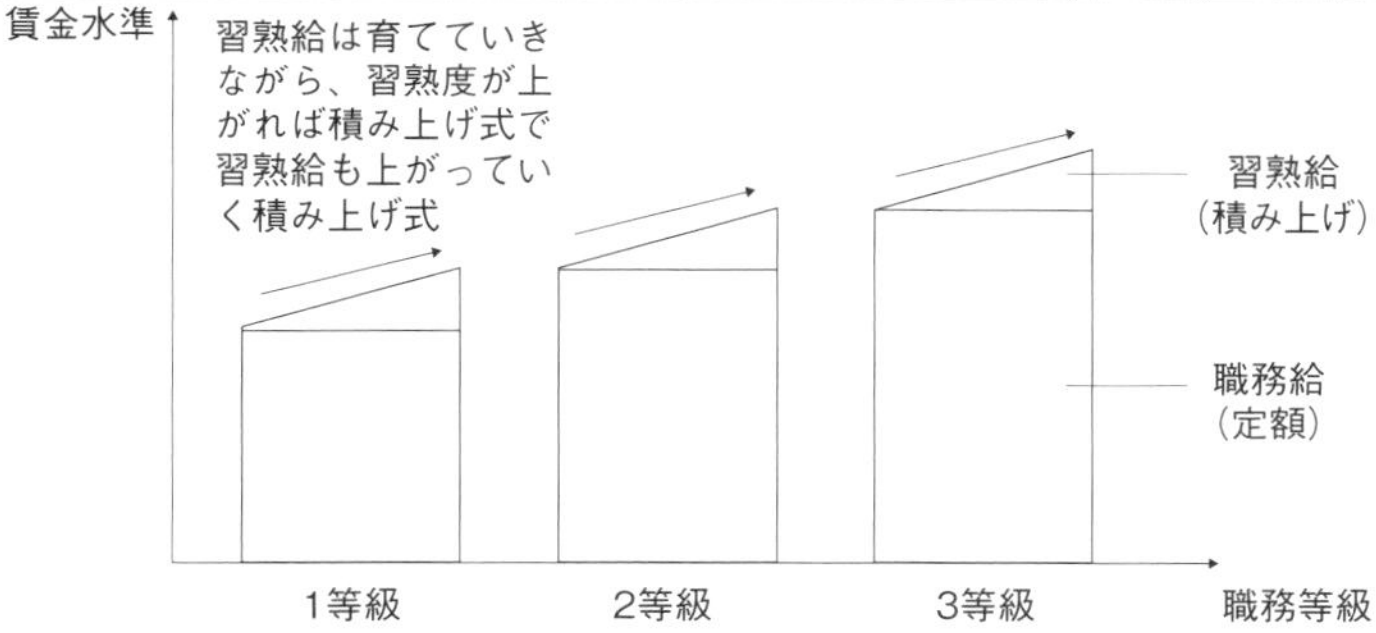

図表4-13◉職務給＋習熟ランク給

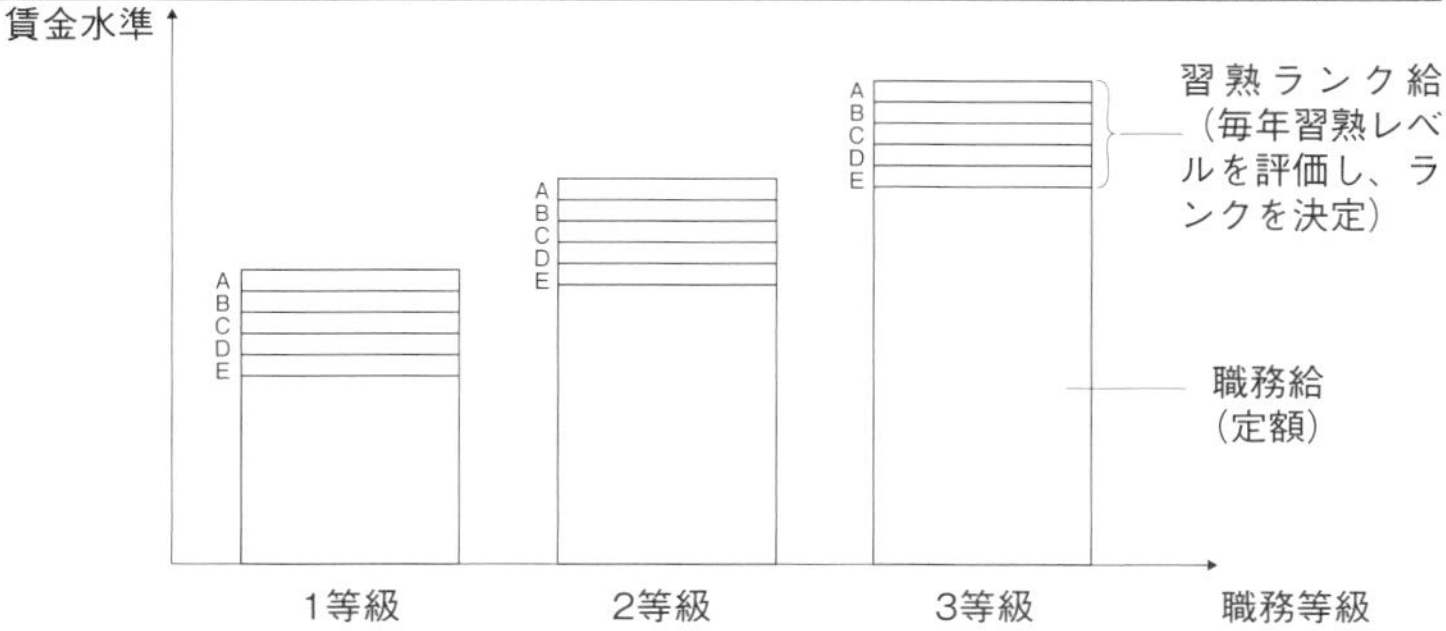

図表4-14◉職務給（単一型）（＋若干の経験加給）

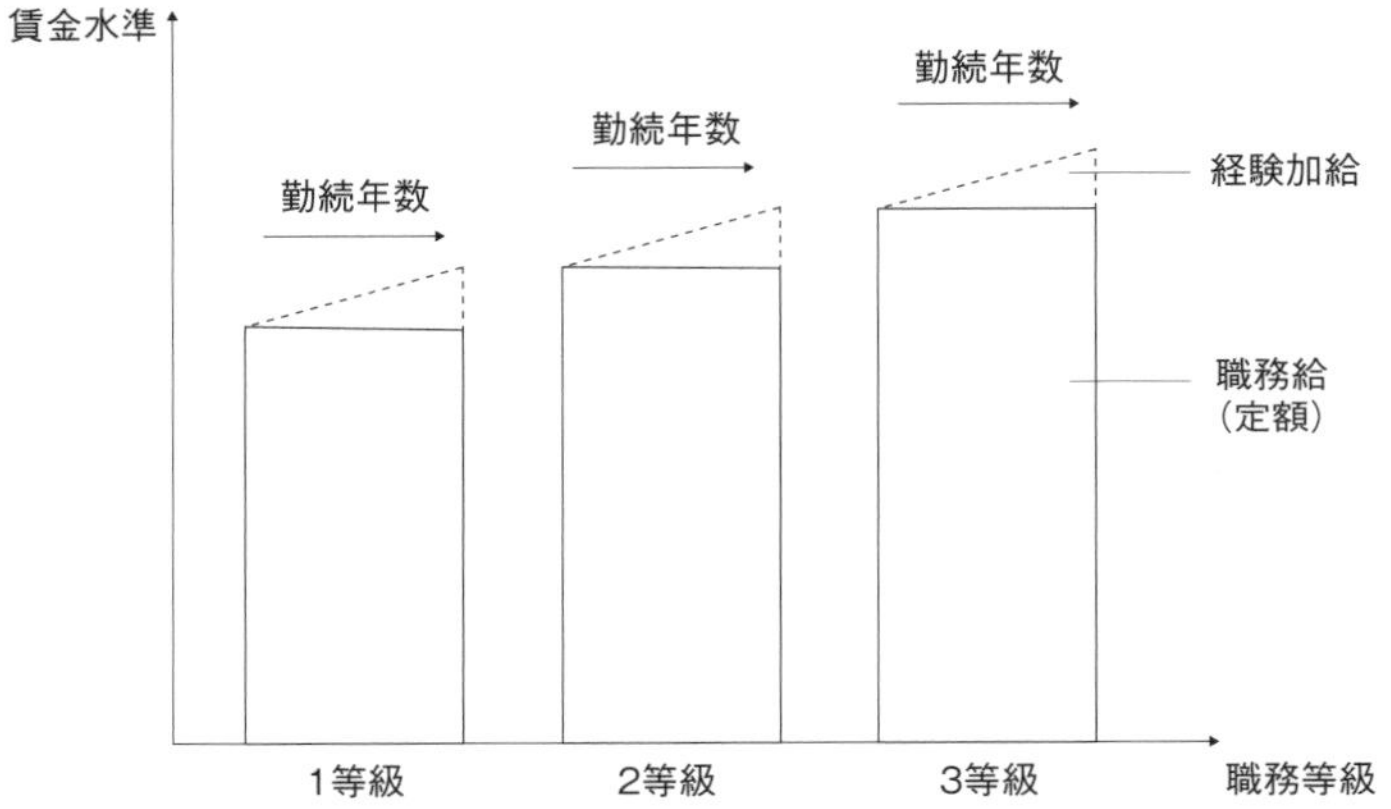

査機器技師など）
↓職務給（単一型）＋若干の経験加給（図表4-14）

2 非定型的職務の賃金体系（図表4-15）

担当者の能力などによって成果に差が出るため、「職務でいくら」という定型的職務群と同じ決め方だけでは問題があり、職務遂行によって生み出された付加価値の大きさ、程度を適切に反映させる必要がある。

(1)育成段階、もしくは、非定型的職務群のなかでも、職務を遂行するにあたっての具体的方法が定められているものでなく、職務遂行能力の伸長に応じて担当業務がフレキシブルに変わる職務群。長期雇用を前提として能力開発の観点から、能力

図表4-15◉非定型的職務の賃金体系

職務群		賃金		
A：育成段階、もしくは、非定型的職務群のなかでも、職務を遂行するにあたっての具体的方法が定められているものでなく、職務遂行能力の伸長に応じて担当業務がフレキシブルに変わる職務群	＝	職能給（成長）		
B：職能が一定レベルに達し一定の自己裁量で職務を遂行できる職務群	＝	上限職能給（固定）	＋	貢献給（毎年洗い替え）
C：経営目的達成のため役割・職位等があらかじめ設定されている職務群	＝	職務給もしくは役割給	＋	貢献給（毎年洗い替えもしくは積み上げ）

伸長に合わせて期中でもより難易度や責任度の高い上位の業務を部分的に担ったり、新しいプロジェクトに参加したりする可能性があることから、職務を標準化することが困難な職務群。評価は、能力発揮度を中心に、行動プロセスや態度・意欲で総合評価する。

↓職能給（図表4-16）

(2)職能が一定レベルに達し一定の自己裁量で職務を遂行できる職務群

↓上限職能給（固定）＋貢献給（毎年洗い替え）（図表4-17）

(3)経営目的達成のため役割・職位などがあらかじめ設定されている職務群（人事部長や製造課長などの管理職や営業職、研究開発職、ソフト開発技術者など）

図表4-16◉職能給

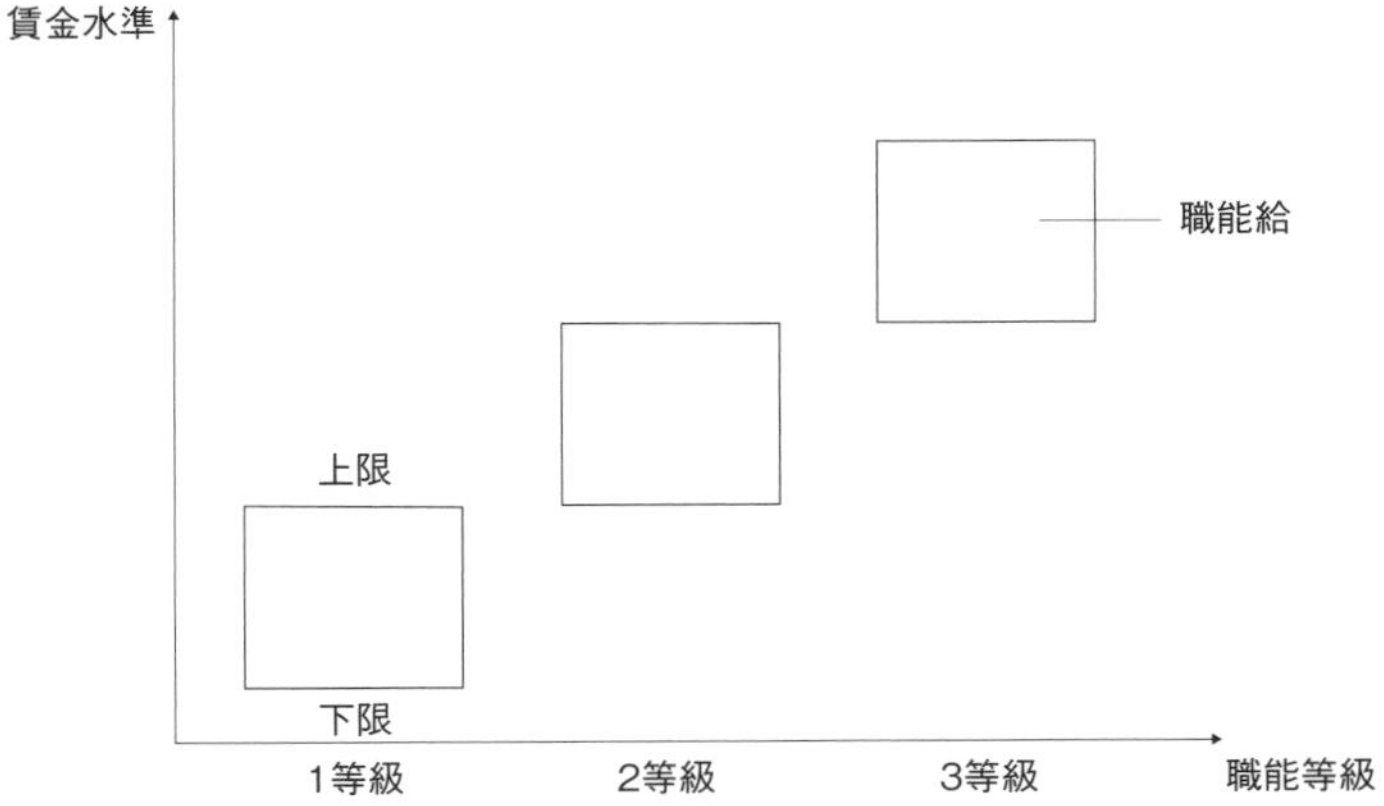

↓職務給もしくは役割給＋貢献給（毎年洗い替えもしくは積み上げ）（図表4-18）

職務給、職能給、役割給とそれぞれの職務・役割の実態に応じて単一的に設計することもあれば、それぞれを組み合わせて設計してもよい。また、同一労働同一賃金への対応としては、正社員と非正規社員の職務内容、配置の変更範囲、その他の事情を総合的に比較・判断して役割・職務、配置、評価方法などを決定していくことが必要だ。その際は、労働・社会保険の問題の専門家として、労働保険・社会保険諸法令に基づいて相談・指導を行う社会保険労務士の見解と合わせ

図表4-17◎上限職能給(固定)＋貢献給(毎年洗い替え)

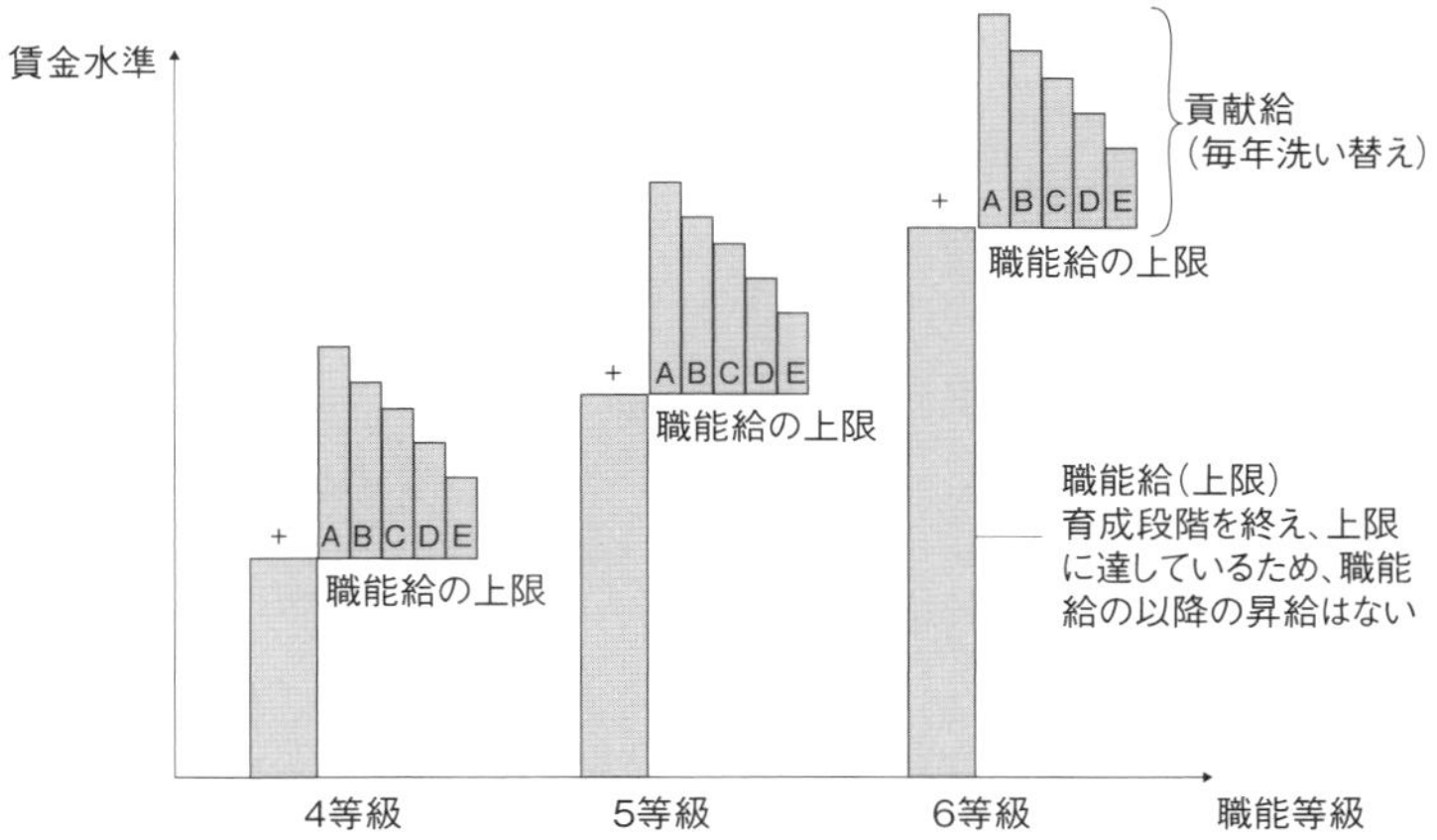

図表4-18◎職務給もしくは役割給＋貢献給(毎年洗い替えもしくは積み上げ)

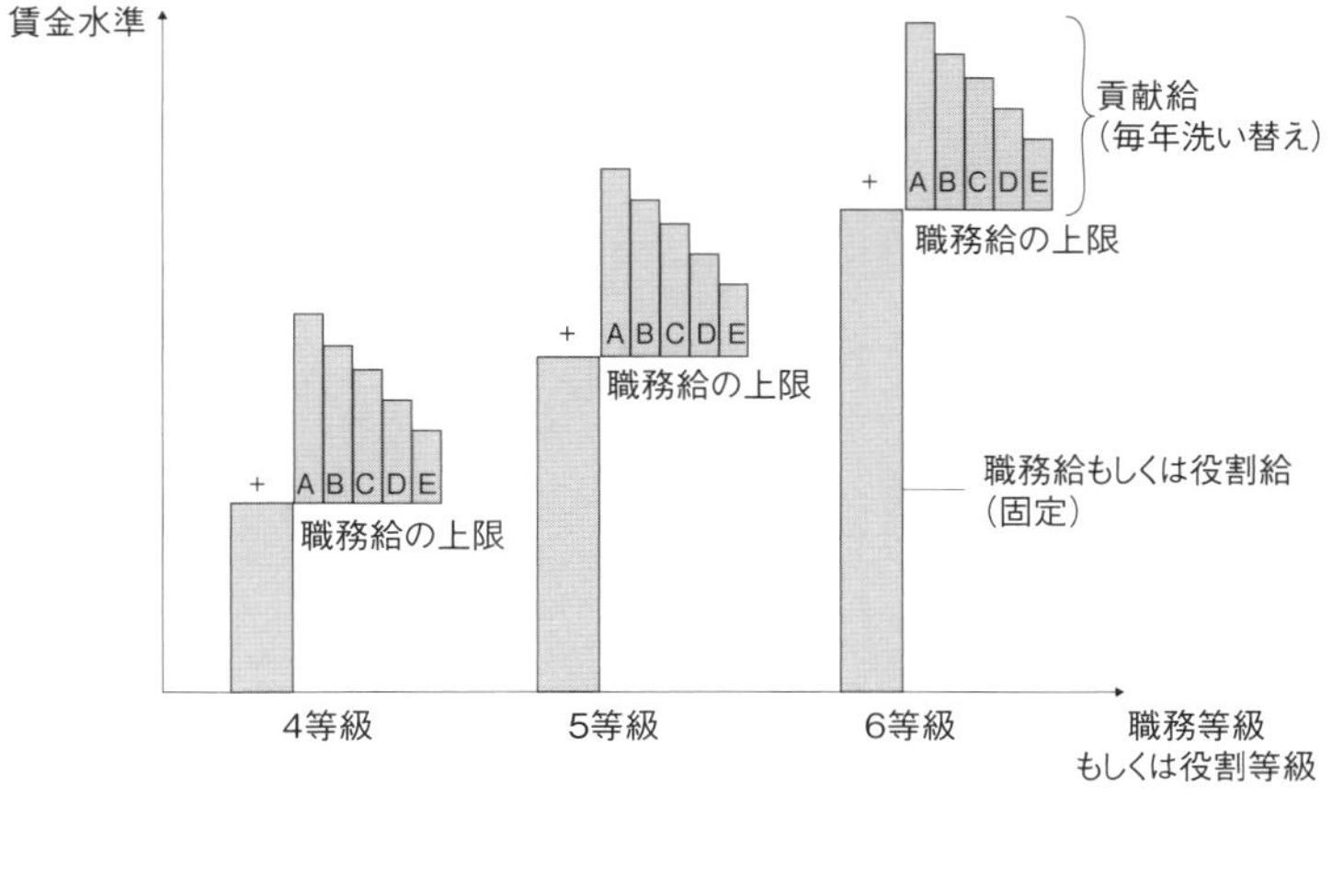

て、最終的な判断をすることが望ましい。

雇用形態だけを理由に格差を設けることは法律で禁止されたが、そもそも人材を競争力の源泉と考えれば「正規か、非正規か」だけで差を設けること自体が、従来の日本的組織の発想の枠を抜けられず、戦略的ではないことは明白である。

さらに、部門・職種ごとにテレワークなどを導入している場合には、部門別・職種別の役割や職務を採用時から明確にし、入社時から役割給や職務給で処遇していくことも可能になる。従来の日本的組織の慣例に倣った全社一律的な採用も、正規であれ非正規であれ、それぞれの職務・役割に合った募集・選考プロセスへと見直すことで、よりマッチングの制度を高めていくことも可能になる。

人事制度・賃金制度に画一的なフォーマット（様式）はない。時々、「人事制度を変えたいのでフレームを教えてください」と相談を受けることがあるが、人事制度はその企業の経営の目的を実現するため、事業戦略の目標を達成するための競争力の源泉として位置づけられた組織戦略の一つであり、その場でお答えできないのが正直なところである。仮にあったとしても、それは一般論としてのモデルでしかなく、そのような即席的な制度では運用しても業績は良くならない。単に〝人事制度をつくった〟

という人事部の自己満足であり、むしろ社員が離職していくことにもなり得る。そのため、経営の目的や事業戦略との整合性を人事部門が正しく理解し、人事制度の目的を明確にすることが最重要課題である。そのうえで、自社の組織形態や文化に合う等級制度の設計と運用が重要となる。

経営者は、人事制度を見直すよう指示をする前に、経営の目的や今後の事業戦略について、人事責任者、事業部門の責任者と戦略的なディスカッションを行うべきである。

同一労働同一賃金の本質

最後に、同一労働同一賃金の本質について、戦略的な側面から解説しておく。

これまで非正規社員が、正社員と遜色ない成果を上げていたにもかかわらず、その就労形態を理由として不当に低い賃金で働いていたとするなら、政府が同一労働同一賃金の実現を強力に推し進めることは悪い話ではない。貧困問題解決の端緒をつかむことになり、また市場の購買能力が高まることで、日本経済は力強い成長局面に入る可能性が高まるためである。

しかし、ものごとは、そう単純ではない。アベノミクスのもとで、企業業績はマクロ的には緩やかな改善傾向にあったとはいえ、その利益の多くは人件費の抑制によって生み出されている企業も多かった。そのため、労働分配率が適正基準より低く抑えられていた企業は、昨今の人手不足に対応するために、非正規社員を全員正社員化するような余力があった。

ところが、新型コロナウイルスの感染拡大により、多くの企業において、これまでの事業構造やビジネスモデルを前提にする限り、今後、収益が大幅に伸びる期待はできない。したがって、政府の同一労働同一賃金の推進により、非正規社員の賃金が大きく上昇することになれば、将来に対する不安感を持つ経営者は、同一労働同一賃金を逆手にとり、正社員の賃金を主とした待遇引き下げを行いたいと考える可能性が出てくる。しかし、そうなると、正社員のモチベーションが低下することで、企業の活力は総合的にダウンしかねない。

つまり、「同一労働同一賃金」というのは、人事給与制度だけの話をしているのではなく、その前提として、厳しい環境において、過去の延長線上でディフェンシブ（防御的）に行う経営から、イノベーションを起こして需要を創造していくような事業改革への取り組みを行う必要性があることを意味している。そのためには、どうしても人事制度改革、雇用そのものの考え方を変える改革が必要になる。グローバルな視野で、自社の強みを生かして成長できる分野に経営資源を集中させる一方で、不採算事業からは即座に撤退するようなアジリティー（敏捷性）の高い企業活動を行うためには、雇用の流動化を避けて通ることはできない。

有望な事業を迅速に成長させるためには、社内の人材にこだわらず、外部からプロフェッショナルな人材の調達が必要であり、不採算事業に従事していた人材の新たな仕事を、社内だけではなく社外を含めて見つけ出す仕組みを整えることが求められるためだ。

経営のなかで「同一労働同一賃金」を考えるときは、単なる人手不足解消のために行う非正規社員の待遇改善にとどまるのではなく、事業構造を刷新し、高い付加価値を創造するイノベーションを生み出す土壌づくりのために、性、人種、年齢といった属性の違いで差別することなく、テレワークの定着などによる子育て・介護の両立が必要な人材も含めて、それぞれの個性を最大限に引き出す「ダイバーシティーマネジメント」の必要性を理解すべきである。

すでにある人件費のパイを公平に分ける「分配」に意味があるのではなく、人材の違いの良さを引き出してパイを増やす「成長」にこそ、同一労働同一賃金の真の意味があるのだ。

第5章

戦略的な組織づくり

常に不完全な組織

米国の経営史学者であったアルフレッド・チャンドラーの有名な名言に、「組織は戦略に従う」というものがある。企業は経営環境や組織規模が変化・拡大すると、それに適応する経営戦略を新たに策定することになる。戦略を変えるのだから、当然ながらその戦略を実行するうえで最適な組織へ改編する必要がある。

企業の代表的な組織形態としては、「機能別」「事業部制」「カンパニー制」「マトリクス型」と大きく四つある。機能別組織は、営業や製造、人事、経理など職能別の単位で編成される組織。一方、事業部制組織は取り扱い商品（製品・サービス）や担当地域ごとで編成するもので、一九三三年に松下電気器具製作所（のちの松下電器産業、現パナソニック）が日本で最初に導入した。またカンパニー制組織は、個々の事業をそれぞれ独立採算形式により運営する社内分社組織で、一九九四年に日本企業で初めてソニー（現ソニーグループ）が採用した。マトリクス型組織とは、職能や地域、商品などの要素を縦横に置き、各系列を組み合わせる複合的な組織で、二〇一六年にトヨタ自動車が取り入れたことでも話題となった。

戦略実行に貢献する組織設計もまた戦略人事の領域となる。いかに優れた組織設計だと思っていても、必ず短所が隠れているものだ。設計された組織が戦略の実行段階に移された後、外部環境が現在の状況から変化した時点で、その短所が表に出てくることが多い。組織内のすべての人材にとって常に最適で、あらゆる経営活動にも機能するような万能組織の設計などはあり得ないのである。

例えば、機能の違いをもとに設計された機能別組織においては、研究開発、営業、財務、生産など、その専門性に基づいて人員を配置していくことになる。このような組織では専門性の発揮が強調されることになるが、新しい事業や商品（製品・サービス）の創造、組織横断的な活動は停滞しがちになる。同様に、製品ライン別・事業別に構成された事業別組織においては、その事業における商品について深い専門知識を持って顧客に価値提供をすることが可能になるが、その事業部の範囲外にある顧客の抱える課題やニーズにはアプローチしにくく、自社の別の事業部であれば解決できる可能性があることでも見落としてしまう可能性があるということだ。

このように、組織構造は常に不完全さを持ち合わせているが、最終的に経営者が選択する組織構造は、自社独自の戦略を最大限に有効化するものでなければならない。

そのためにも、自社が選択した組織構造の長所も短所も理解しておく必要がある。もっとも、たとえ不完全であったにせよ、経営者が慎重に検討して設計した組織は、当面の間は戦略実行に際して有効に機能することが期待できる。ところが、新型コロナウイルスの感染拡大のような大きな環境変化が起きると、組織はたちまち限界を迎える。市場の変化とともに組織モデルも陳腐化してしまうということだ。

競争力を発揮するための組織設計であっても、外部環境の変化という有効期限があることを常に理解しておかなければならない。もしも、自社の競争力が維持できるビジネスモデルが未来永劫変わらないことが約束されており、新規参入やM&Aなどを経験することもなく、新規の販売チャネルも持たない、技術革新が起きても影響されることがない、自社の提供している顧客価値に競合他社が影響力を及ぼさないという夢のような条件が満たされれば、組織モデルが陳腐化しない可能性はあるだろう。しかし、そのような夢物語は現実には存在しないのである。

働き方改革や新型コロナウイルスの感染拡大に限らず、市場は常に変化している。組織も常にその現実と直面しているため、組織設計は常に不完全だといえる。したがって、事業戦略の見直しと併せて組織設計の見直しは継続的に行わなければならない。そうしたなかで、今、日本企業が解決すべきテーマの一つが「生産性向上」である。それも、従来の日本型組織が得意としてきた改良・改善での生産性向上ではなく、組織構造そのものを大きく転換し、新しい戦略の実行を支えられる設計になっていなければならない。

その仕かけどころとして、デジタルトランスフォーメーション（DX）の推進、ミドルオフィスの機能強化、そしてフラットなネットワーク型組織の設計という三点について提言する。

デジタルトランスフォーメーション(DX)の推進

デジタルの広がりによる顧客ニーズの変化に対応し、新たな次元の競争に打ち勝っていくために、企業はDXを加速していかなければならない。また、デジタル時代の競争相手は、既存の競合だけではない。デジタル化によって業界構造を破壊しようとする「デジタル・ディスラプター（デジタル時代の創造的破壊者）」である。生半可なことでは対抗できないため、自社のデジタル戦略を立案・推進する専門の組織や体制を構築すべきだ。

専門組織は、デジタル戦略をはじめ、デジタルを活用したサービスを検討することが期待される。企業規模が大きく、複数の製品・サービス、複数の販売チャネルを持つ場合には、社内の方向性を定めることが大きなミッションだ。それぞれの事業部門がデジタル戦略を個別に検討しているはずなので、互いに訴求するポイントが違わないように調整し、顧客に違和感を持たせないためである。

デジタル戦略組織のトップには、CDO（Chief Digital Officer=最高デジタル責任者）を据えることになる。米国では、このCDOを設置する企業が急激に増えているといわれている。米国では、戦略はすべてトップダウンで行うことが多いため、CDOが大きな権限を持ち、全社のデジタル戦略を一気に推し進めている。

日本においても、CDO、あるいはそれに相当する役員を置く企業が見られるようになった。だが、日本企業の場合には、現場主導で事業を進めることが多い。製品・サービスを取り扱う各事業部門は、すでに何らかの形でデジタル戦略を構築して実践しているケースもある。企業のなかに、各事業部門のデジタル戦略についての整合性をとる組織や責任者が不在であれば、各事業部門は部分最適のまま、それぞれのデジタル戦略を進めていくことになる。結果として顧客に対してバラバラなサービスを提供し、好ましくないイメージを与える。本来、製品・サービスが違っていても同じ顧客であれば、デジタル空間において与える印象やメッセージを統一しておかなければならない。当然、店舗などリアルでのタッチポイント（企業と顧客をつなぐ接点）との整合性にも注意を払う必要がある。

CDOと、そのスタッフであるデジタル戦略組織は、各事業部門の事業内容を理解しつつ、それぞれのデジタル戦略の方向性を合わせる。企業として重要なデジタル化のテーマを優先順位づけし、必要な投資や経営資源を割り当てる。

こうした横串を通す役割のデジタル戦略組織には、その役割を果たせるように大きな権限を持たせ、全社最適な戦略を立案させるべきだ。このデジタル戦略組織を単に組織としての「ハコづくり」で終わらせるのではなく、いかにそのハコに「魂を注入」できるかが、DXの成否を分ける。スタートアップ企業並みの迅速性や推進力が求められる。

企業が必要とする組織は、デジタル戦略組織だけではなく、複数の事業部門を持つ企業であれば、デジタル戦略組織と有機的に連携する別のデジタル組織も必要になる場合がある。そうしたデジタル組織の形態については、大きく四つに分けられる（**図表5-1**）。

業種や事業内容などによって最適な組織編成のタイプは変わるが、DXを本気で推

図表5-1◉デジタル組織の4形態

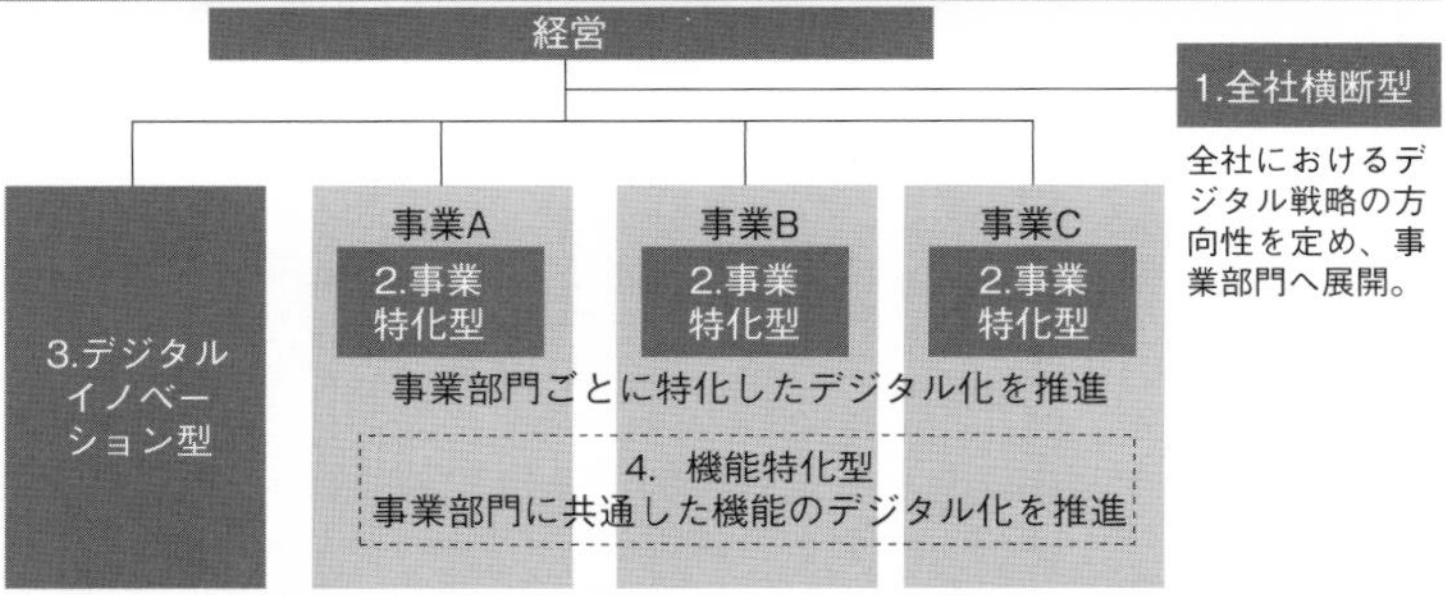

	形態	位置づけ	機能
1	全社横断型組織（デジタル戦略組織）	複数の事業部門を持つ企業のなかで、横串を通して会社目線で整理する組織。	・全社のデジタル戦略をまとめあげ、顧客に対してどのような利便性を訴求するのか、何をデジタル推進するのかを定める。 ・方針を各事業部に周知し、実行に移す作業を推進・支援。
2	事業特化型組織	各事業部門において、担当製品・サービス事業についてのデジタル戦略の立案や、その実現のための施策を実行する組織。	・全社のデジタル戦略・方針に沿って、各事業部門における詳細で具体的な計画を定める。 ・比較的かつ短期的で各事業固有の取り組みを実施（売上げにひもづく施策、デジタルマーケティングのOODAループもしくはPDCAサイクルを回すなど）。
3	デジタルイノベーション型組織	既存の事業や業務のデジタル化ではなく、新しい技術を活用した新しいビジネスモデルについて立案する組織。	・新ビジネスの立ち上げから拡大の途中までを担当。デジタル技術に関するR&D（研究・開発）機能ともいえる。 ・スタートアップ企業と同様の推進力を持たせ、すぐにサービス化できるようにしなければならない。
4	機能特化型組織	企業におけるバリューチェーンの各機能に特化して、デジタル化を推進する組織。	・特定の機能に集中して、効率化・高付加価値化するようなデジタルソリューションを導入。 ・各事業部門は、この組織が提供するソリューションをベースに事業・サービスを展開する。 （一例） ・全社統一のデジタルマーケティングを行う ・全社統一の電子商取引機能の構築 ・生産工程へのIoT（モノのインターネット）導入を画一的に行う ・顧客対応を行うアフターサービスや、コールセンター機能を全社的に担う

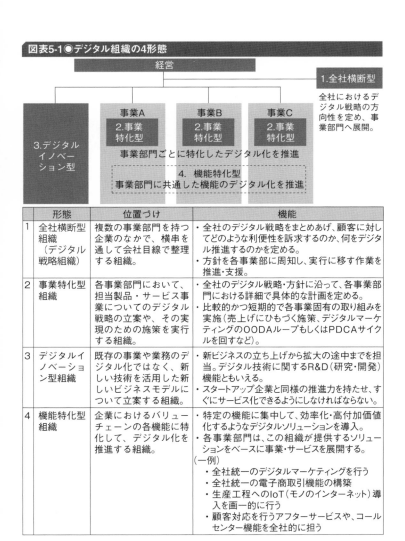

進するには、専任の組織やメンバーを置き、明確な組織ミッションを与えることが有効だ。社内の各部門からメンバーを招集し、従来の業務と兼務する場合だと、「多忙である」「権限が与えられていない」「既存部門の協力を得られない」といった理由で活動が停滞する事態に陥りがちなためである。停滞理由を払拭するためには、全体的な視点を持ち、組織を横断して活動できるよう配慮が必要だ。

顧客最適の目線で、自社の組織のあり方を大所高所から考え、従来の組織の考え方にとらわれず前進していかなければならない。

ミドルオフィスの機能強化

これからの先行き不透明な時代においては、当然のことながら、環境や顧客ニーズの変化はよりいっそうスピードを増し、価値提供の形も変化し続けていくことは容易に予想できる。社会・顧客に、日常的に新たな課題が登場して、その課題を解決することが価値を生み出す。新規の課題に取り組むには、既存の縦割り組織ではなく、拠点やセグメントを超えて、当該課題に関係する専門性や知識を有する人材を糾合する。

図表5-2◉OODAループ

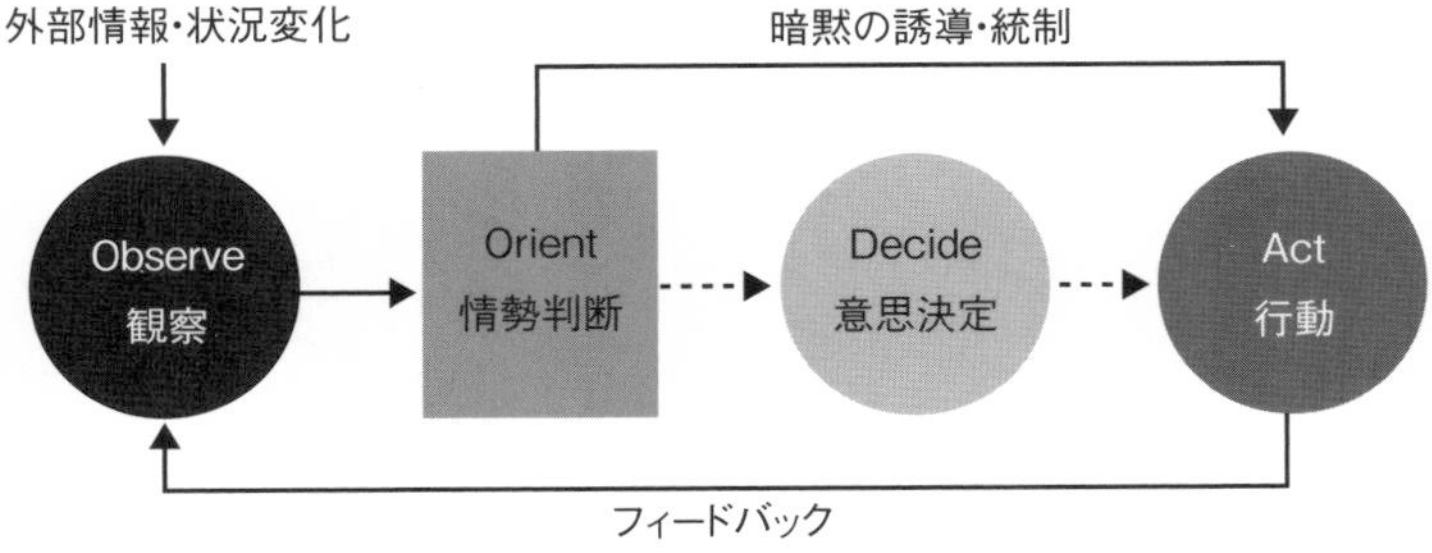

Observe（観察）：市場や顧客、競合他社などの情報をリアルタイムで収集する。
Orient（情勢判断）：収集データを読み解き、価値判断に資する情報へ変換する。
Decide（意思決定）：情報に基づき、どのような計画を実行するか意思決定する。
Act（行動）：決定した計画を実行に移し、必要に応じて行動・内容の修正を行う。

また、それらの関連する情報・知識を共有しながら、仮説の設定と検証を繰り返しつつ、OODA（ウーダ）ループで仕事を進めていく必要がある。このときに、組織の生産性向上を左右する一番肝心な機能はミドルオフィス機能である。

なお、OODAループとは、米国の軍事戦略家であるジョン・ボイドによって提唱された意思決定プロセスのフレームワークで、「Observe（観察）」「Orient（情勢判断）」「Decide（意思決定）」「Act（行動）」という四つの構成要素からなる（**図表5-2**）。計画の実現・目標の達成に向けて個々（現場）の意思決定者がリアルタイムでデータを収集し、この瞬間に起きている環境変化に合わせて現場レベルで判断・実行する。この

図表5-3◎フロントオフィス・ミドルオフィス・バックオフィスの位置づけ

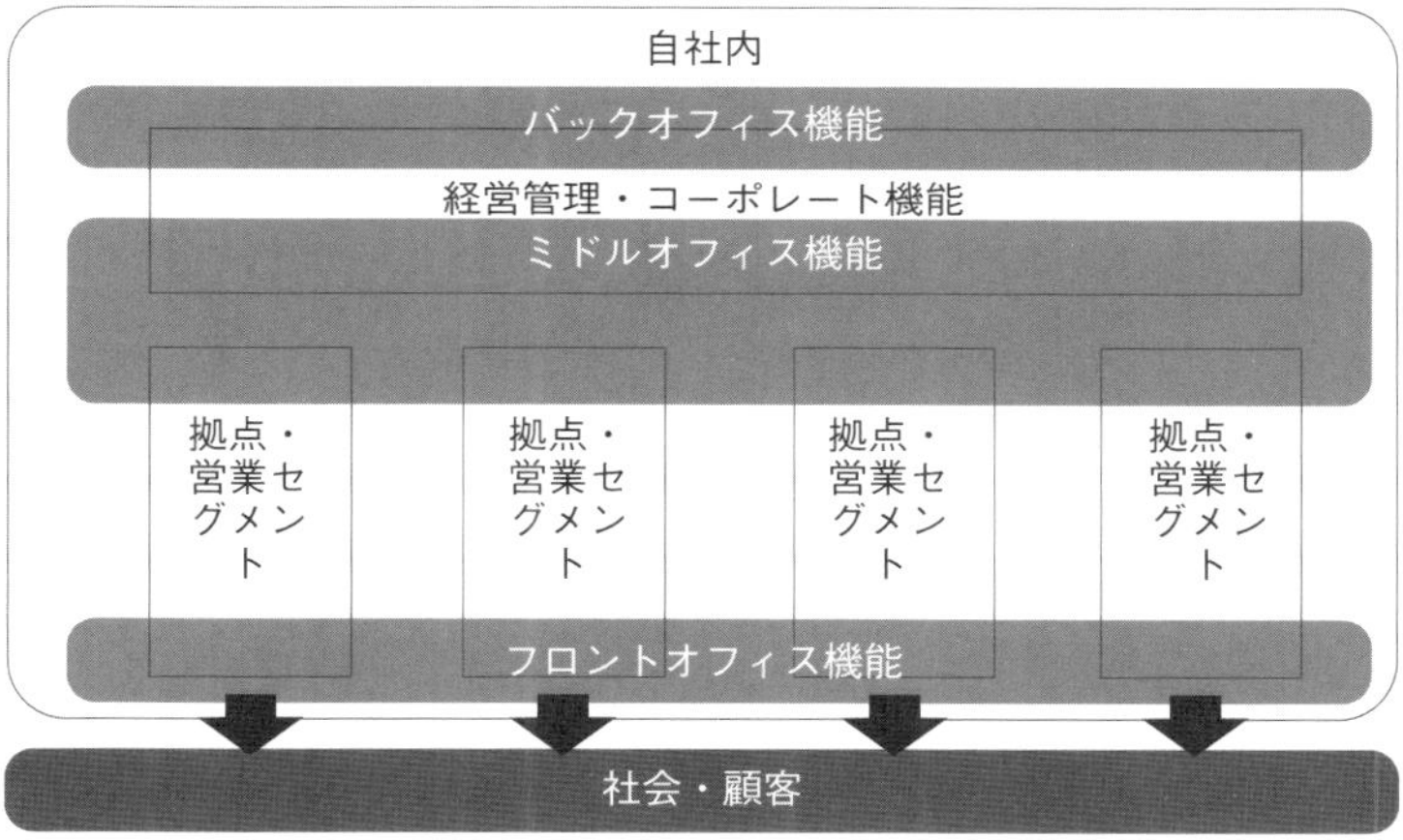

四つの要素を一度限りの実行で終わらせるのではなく、微調整を加えながら素早くループ（繰り返す）することで、高い優位性を獲得する。

従来、多くの組織では、一般的に二つの機能区分で構成されている。一つは、経営管理機能・コーポレート機能を提供するバックオフィス。多様な組織の業務を全体として支えるプラットフォームである。もう一つは、組織外部のクライアント・顧客などと直接的な関わりを持ち、窓口機能や営業機能を有するフロントオフィスである。さらに、フロントとバックの橋渡し的な役割を果たしつつ、組織の実態的な生産的活動の中核を成す機能であるミドルオフィスを加えた三つの機能区分で組織を再構成することで、価値提供の生産性向上へとアップデートすることができる（図表5-3）。

ミドルオフィス機能を強化すべき理由は二つある。

一つ目は、これからの時代において急速に変化する社会・顧客の課題を解決することができる点だ。

従来は、担当顧客先へ出向き、主軸商品を説明し受注を図るとともに、それに付随した製品・サービスの要望があれば、その都度、製品やサービスに関する情報を取り寄せて説明をする、属人的・手づくり的な価値提供を行って受注の拡大に貢献していた。ところが、デジタル化が進むにつれて、顧客は情報の受発信を容易に行えるようになり、Web上で同等の製品・サービスを競合他社と比較することが可能になっている。さらに、社会・顧客のニーズが多様化・個別化していくなかで、従来の専属的・属人的なフロントの活動は徐々に優位性を失っていく。

こうした状況に対応すべく、拠点やセグメントを超えた課題解決で価値を生み出すためにミドルオフィス機能を強化していく必要がある。

もう一つの理由は、間接部門であるバックオフィスを戦略的な組織としてアップデートできる点である。

従来のバックオフィス機能は、手続き的なオペレーション機能や社内の各種制度

（インフラ）を設計・運用する機能であった。しかし現在では、コロナ禍においても持続的成長を実現する新しい働き方の導入や、ネットワーク型組織への転換など、バックオフィスに対しても戦略的な思考が求められている。

バックオフィスがより戦略的な思考に時間を充てられるようにするためには、バックオフィス機能を戦略機能として再定義し、オペレーション・インフラ運用にかける時間を減らしていくことが必要だ。手段としては、DXを推進するなかでAIやRPA（ロボティック・プロセス・オートメーション）導入、BPO（ビジネス・プロセス・アウトソーシング＝業務プロセスの外部委託）などによる生産性向上、BPR（ビジネス・プロセス・リエンジニアリング＝業務改革）により、バックオフィスの業務の一部をミドルオフィスへ移管することで、間接部門の生産性を高めていくことが考えられる。

これからの時代においては、ミドルオフィス機能を加えた三機能の組織構成へとアップデートし、より生産的かつ戦略的な組織へと変革できるかどうかが企業の持続的成長を左右するのである。

フラットなネットワーク型組織の設計

従来のマネジメントは、マネジャー（部長）、リーダー（課長や係長）、プレーヤー（主任や一般社員、アルバイト・パート社員）などの階層から成るピラミッド構造のなかで、上司が部下を管理するという一方通行の手法が主流だった。しかし、ピラミッド型組織は、早急に情報を伝達してスピーディーに意思決定を行う必要がある今の時代には不向きの組織形態だ。組織内での序列や上下関係がはっきりしているため、責任と権限の所在が明確で、指揮命令系統がわかりやすい。また、役割も明確に決めやすいため、分業化も行いやすいというメリットがある。一方、組織が大きくなるほど組織内の階層が増えるため、情報の伝達スピードが遅くなる。その結果、情報のやりとりが少なくなり、組織が硬直する傾向もあるからだ。

また、従来の日本的組織は、この階層自体が年功序列的な階層となっており、最近では何事も「ボトムアップ」「全員での合意形成」という名の下で稟議書が現場で作成され、本当に意思決定に関係しているかどうかわからない人にも回覧され、意思決定

図表5-4◉ネットワーク型組織のイメージ

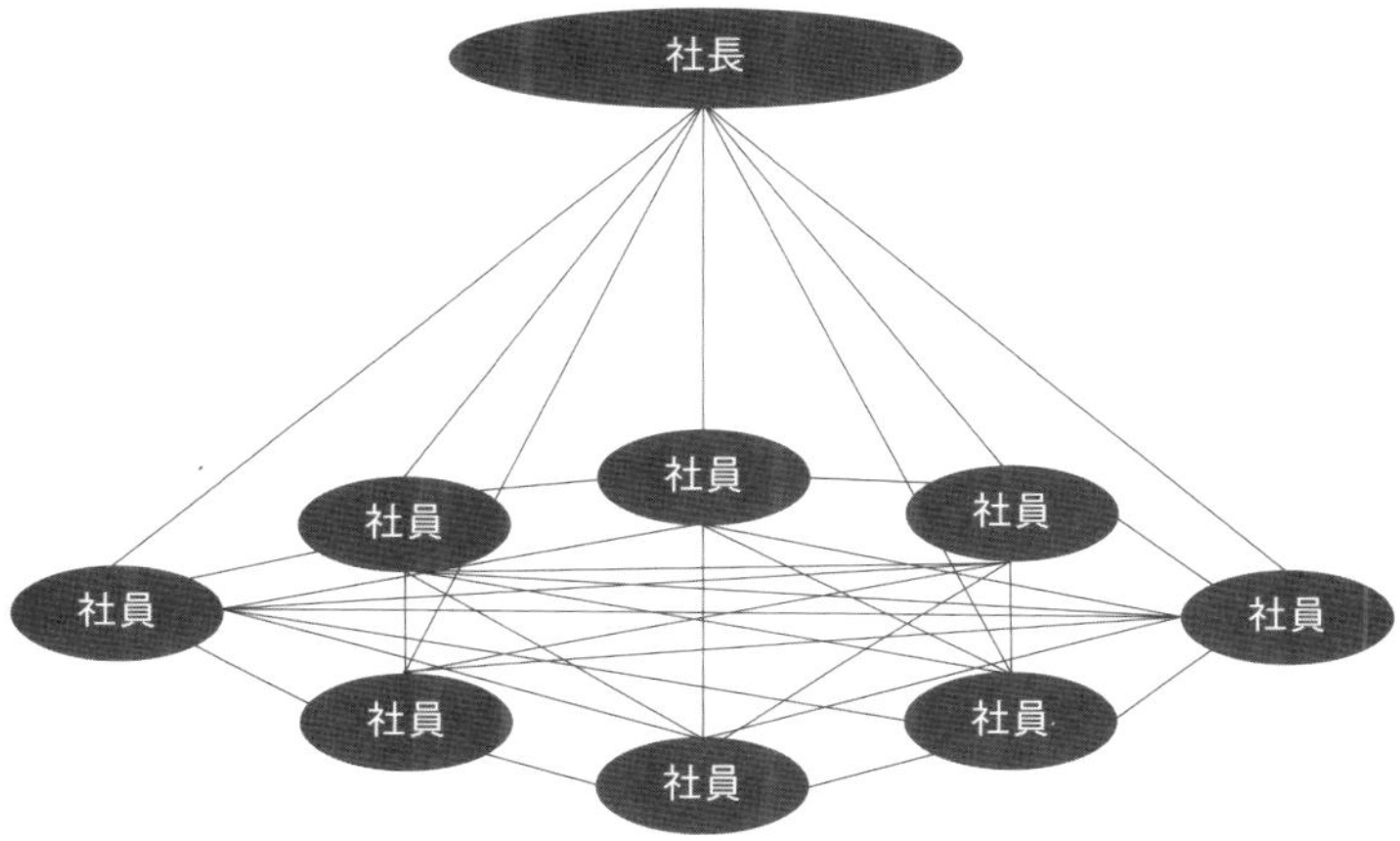

に時間を要しており、スピード感が上がらない原因の一つにもなっている。

近年、一部の企業では、階層そのものをできる限り減らし、上下関係が比較的フラットなネットワーク型の組織（図表5-4）をつくる傾向が見られる。ネットワーク型組織の特徴は、管理階層を少なくすることで、組織の下位層に権限を委譲し、社員一人ひとりが高い自律性を持って行動する点である。業績や経営計画といった情報を開示して、オープンに議論する場を設けたりもしている。

ネットワーク型組織は階層が存在せず、蜘蛛の巣をつなぎ合わせたような形をしており、組織のメンバーがフラットにつながりを持つことができるため、情報がスムーズにやりとりされ、スピーディーな意思決定ができたり、自由に意見を出し合えたりできる点がメリットである。

◎フラットなネットワーク型組織の効果

1　管理階層を削減することで、部下の意見が採用されやすくなる。またそれにより、上司と部下が一体感を持って、目標達成のための価値観やビジョンを共有しやすくなり、下位階層の社員も会社に対して高い貢献感を持つことができるようになる。
2　中間管理職が少なくなることで、管理職手当などの人件費削減が図りやすくなる。
3　経営陣と現場の従業員が直接コミットしやすく、現場の意見が反映されやすくなる。

一方で、ネットワーク型組織は、役割分担と責任の所在が曖昧になりがちという懸念がある。ネットワーク型組織は、従来のピラミッド型組織のような階層構造がない。個々人がバラバラな行動をとってしまい、組織としてのまとまりがなくなるリスクもある。そのため、ネットワーク型組織を採用するには、組織の目的を明確に定め、社員のセルフマネジメント力（個人の高い責任感と自己管理能力、問題解決能力など）も高めていく必要がある。

これからの時代において、意思決定が遅く、柔軟な対応ができない組織は、顧客が離れていく。逆に、それぞれの社員が明確な判断基準を持ち、上長による意思確認を待たず、自律的に行動できる組織は、より強く成長していくことが可能になる。

「社内コミュニケーション」を設計する

戦略実行に向けて組織を活性化させるためには、良好な社内コミュニケーションの構築が不可欠である。そのコミュニケーションの設計についても、戦略人事の領域として捉えていただきたい。

厚生労働省が五年ごとに実施している「労使コミュニケーション調査」を見ると、労使間のコミュニケーションについて「良い」と答えた労働者の割合が二〇一九年に六〇・五パーセントとなり、一九九九年以降で初めて六割台に達した（図表5 - 5）。実は、会社と従業員のコミュニケーションは、過去二〇年間で今（二〇一九年時点）が最も良好な状態にある。

図表5-5◉労使コミュニケーションの良好度推移（労働者調査、n=3288人）

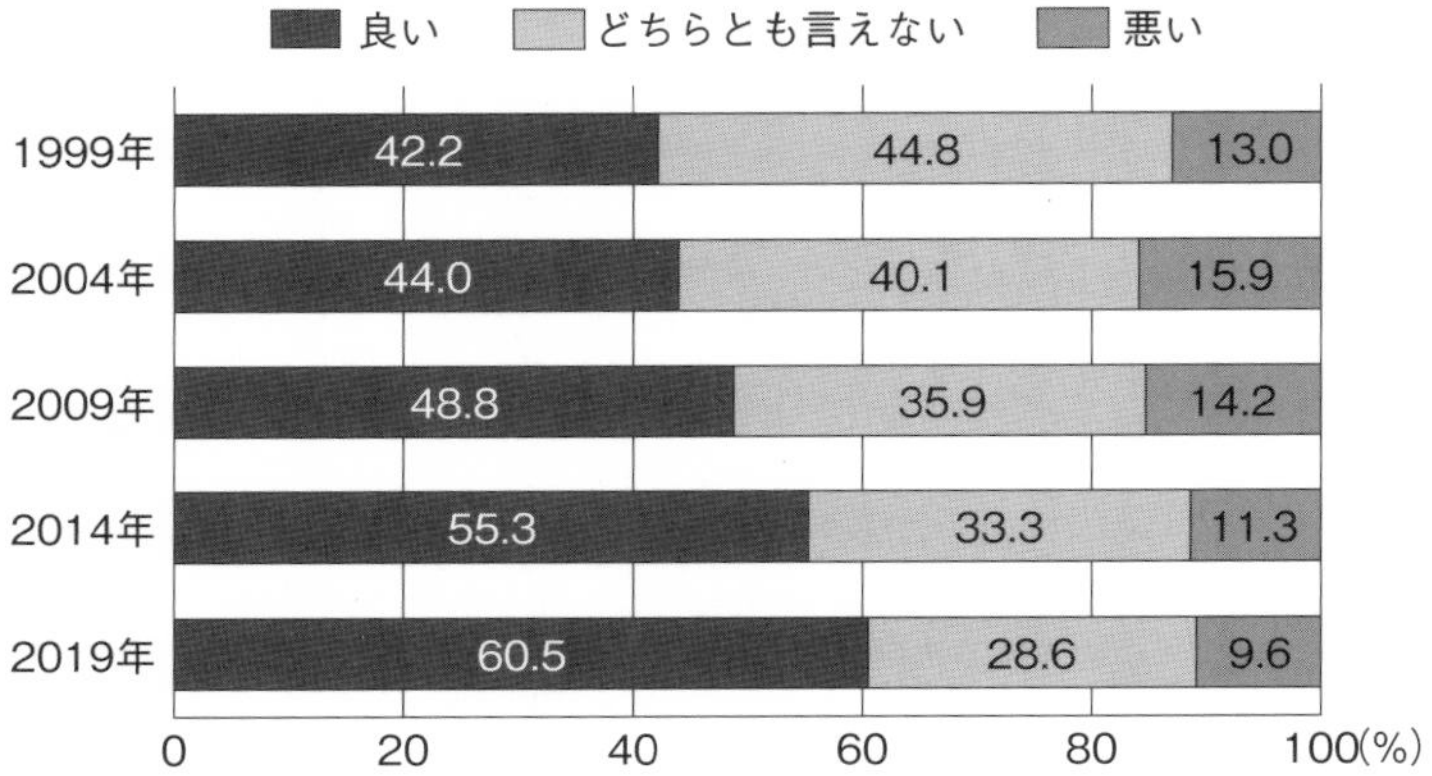

出所:厚生労働省「労使コミュニケーション調査」

社内コミュニケーションの安定化に大きく寄与するのが、「職場懇談会」の開催だ。これは部や課単位の各職場で、仕事への不満や要望などについて従業員と経営幹部・管理職者が定期的に対話を行い、改善を図る取り組みである。前述の調査では、職場懇談会がある事業所の割合は過半数（五二・七パーセント）に達しており、うち一年間に懇談会が開催された事業所は九割超（九一・七パーセント）に上る。また、八割近く（七九・〇パーセント）の事業所が「成果があった」と回答している。懇談会での話し合い事項（複数回答）を見ると、「日常業務の運営」に関することが最も多く、「安全衛生」「経営方針・生産・販売計画」「教育訓練」などが続く。ちなみに二〇年前（一

図表5-6◉職場懇談会における話し合い事項（複数回答）

	1999年	2004年	2009年	2014年	2019年
経営方針・生産・販売計画	43.3%	54.7%	58.4%	54.3%	49.5%
日常業務の運営	71.3%	86.5%	86.3%	86.0%	86.2%
安全衛生	32.5%	64.0%	63.5%	67.7%	66.6%
福利厚生	14.4%	36.8%	37.3%	40.5%	35.8%
教育訓練	10.9%	39.2%	43.0%	44.3%	46.8%
非正規社員関連	—	—	—	18.8%	16.2%
同一労働同一賃金関連	—	—	—	—	5.5%
賃金・労働時間・労働条件	—	—	—	—	29.7%
その他	8.2%	12.0%	12.1%	11.4%	10.0%

※「—」は該当年調査で選択肢に入っていない。

出所:厚生労働省「労使コミュニケーション調査」

九九九年）との比較では、安全衛生や福利厚生、教育訓練が大幅に増えている（**図表5-6**）。

ただ、二〇二〇年以降の新型コロナウイルスの感染防止と働き方改革の一環で在宅勤務に移行した企業が増えており、その影響で社内コミュニケーションの希薄化や社内間連携の不足といった課題も生じている。

社内SNSツールを手がけるトークノート（東京都港区）が二〇二〇年一〇月に行った調査によると、リモートワーク（テレワーク）で働く人の六割（六二・八パーセント）が「社内コミュニケーションが希薄化した」と感じていた。一方、「理念や企業文化が浸透している」と答えた管理職世代（三〇～四〇歳代）のうち、「社内コミュニケーションがかなり希薄化した」と感じる人は一割（一一・一パーセント）にとどまった。理念や企業文化が浸透している組織は、テレワーク下でも社内コミュニケーションが希薄化しにくい傾向にあるという。

社内のコミュニケーションを維持し、組織の活性化につなげるためにも、理念や企業文化の浸透を図ることが急がれる。その方策として「インナーブランディング（社内向けブランディング活動）」が注目を集めており、企業と従業員のつながり（エンゲージメント）強化や経営理念・ビジョンの浸透に向けた新たな取り組みが各社で盛んに行われている。

例えば、紙や掲示板ではなく、従業員専用のクローズドサイトや社内イントラネット上で公開する「オンライン社内報」を運用したり、文章ではなく動画で社内広報コンテンツを制作して、社内ＳＮＳやデジタルサイネージ（電子看板）で配信したりするなど、デジタルメディアを活用する企業が増えている。一風変わったものでは、社長がメインパーソナリティーを務める「社内ラジオ」を配信する企業もある。

これからは、自社の従業員が同じ空間、同じ時間帯、同じ国籍（言語）、同じ立ち位置、同じ経験値や価値観で仕事をするとは限らなくなる。〝社内〟や〝わが社〟の定義と範囲が広がるなかで、いかにして経営理念や企業文化を浸透させることができるか。

それが社内コミュニケーションの希薄化防止と組織活性化の大きなカギとなるだろう。

組織の存在目的は明確か

二〇二〇年一月、伊藤忠商事（東京都港区）が企業理念を「三方よし」に改定すると発表して話題を集めた。三方よしは「売り手よし、買い手よし、世間よし」で知られる近江商人の商道徳である。売り手と買い手の満足だけでなく、社会に貢献する精神を説いたものだ。三方よしの由来については諸説あるが、同社創業者・初代伊藤忠兵衛の座右の銘が起源とされている。

伊藤忠商事だけでなく、トヨタ自動車（愛知県豊田市）や三井物産（東京都千代田区）、三井住友フィナンシャルグループ（同）、ＮＥＣ（東京都港区）、ＴＢＳホールディングス（同）、新明和工業（兵庫県宝塚市）、北洋銀行（北海道札幌市）など、二〇二〇年を機に経営理念やビジョン（将来像）を制定・改定する企業が相次いだ。これは〝２０２０〟という数字の切りのよさに加えて、周年記念を契機としたＣＩ（コーポレートアイデンティティー）や中期経営計画の見直しなどが重なったためと見られるが、なかには新型コロナウイルスの感染拡大で急速に変化する社会環境を意識したケースも少なくない。

戦略人事とは、企業の経営戦略に沿った人事施策を展開することである。その経営戦略は、企業の経営理念やビジョンに基づいて策定されている。経営理念は会社が向かうべき方向性を示す羅針盤であるため、通常は変えずに守り継いでいくものであるが、ビジョンについては企業を取り巻く環境の変化に伴って現実と理念の乖離《かいり》が大きくなれば、時代や社会情勢に応じて改定することも必要である。

近年、「パーパス・ドリブン（自社の社会的存在意義が事業の成長をけん引する経営）」が世界的に注目されているように、日本でも経営理念やビジョンに対する関心が高まりを見せている。理由として、大きく二つの要因が考えられている。

一つ目は、経営理念が企業の信頼度を左右するという点である。経済広報センターの調査結果（二〇一七年七月）によると、生活者が考える「信頼できる企業」の要件として「企業理念・経営理念がしっかりしている」が二番目に多く、七割を超えた。「老舗」「社会貢献・地域活動に熱心」などを大きく上回り、生活者の経営理念に対する関心がきわめて高いことがうかがえる（**図表5-7**）。

二つ目は、会社で働く人たちが自らの働きがいを求めて経営理念を重視していると

図表5-7◎信頼できる企業の要件（七つまで複数回答）

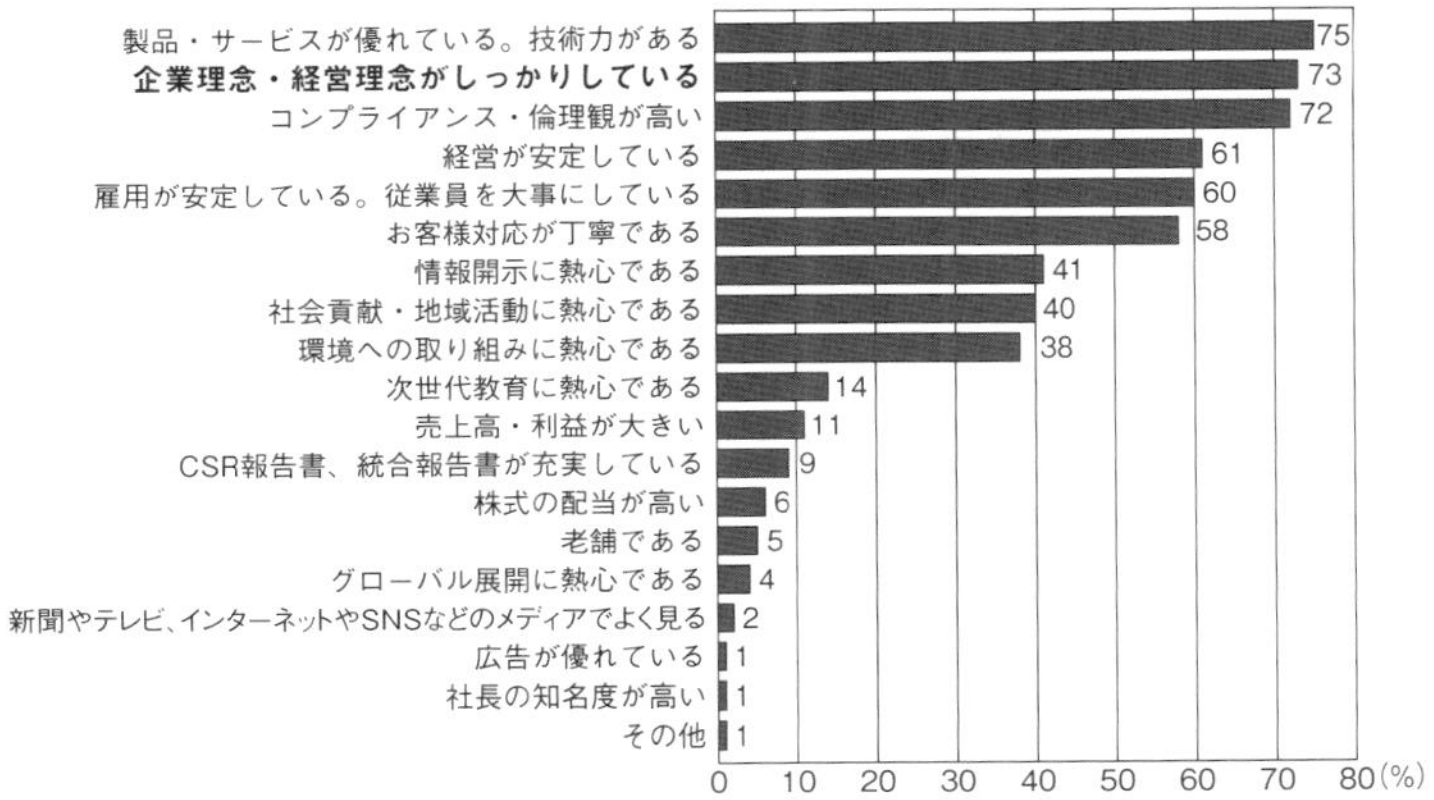

出所：経済広報センター「生活者の"企業観"に関するミニアンケート」調査報告（2017年7月）

いう点である。ある調査（エニワン調べ）によると、中小企業で働く人に経営理念の浸透の必要性を尋ねたところ、「必要」だと答えた人が七割近く（六九・五パーセント）に上った（**図表5－8**）。その理由を見ると、「企業経営の方向性の明確化」「モチベーションの向上」「社内に一体感が生まれる」などが上位を占めた。

三つ目は、経営理念が社内でしっかり浸透している企業ほど、業績がよいということだ。経済産業省の「ものづくり白書（二〇一九年版）」によると、企業の業績動向（二〇一八年時点の売上高と営業利益）を一年前と比較したところ、経営理念・ビジョンが全社員に共有されていると考える企業ほど、売上高、営業利益ともに増加している企業

図表5-8◉全社員に企業理念を浸透させることは必要だと思うか

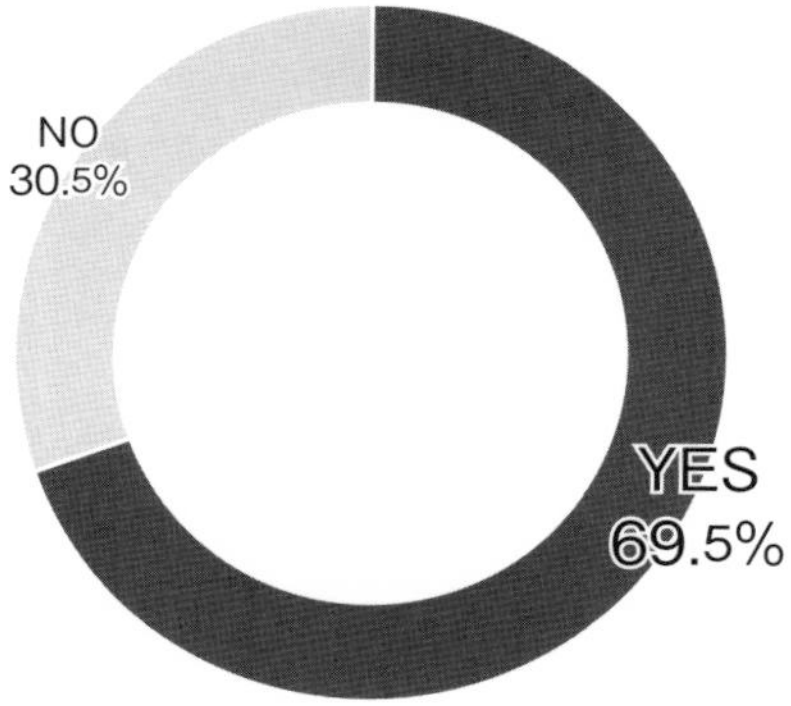

出所:エニワン「企業理念・ビジョンの浸透に関するアンケート」(2019年4月10日)

の割合が高かった。

消費者とビジネスパーソンがともに企業の経営理念を重視している以上、必然的に理念が浸透している企業ほど業績は上がっていくことになる。いずれにせよ、現在のような激変する社会情勢に組織として対応するためには、経営理念やビジョンが全社員に共有されていることが大きなアドバンテージ(有利)になる。

もっとも、経営理念やビジョンを「知っている」のと「わかっている」は雲泥の差がある。前述の調査(エニワン)で経営理念の理解度について尋ねたところ、ビジネスパーソンの六割が「理解できていない」と回答し、その理由として「理想と現実の差が大きい」や「抽象的すぎる」「商品・サ

図表5-9◉企業理念・ビジョンを理解できていない理由

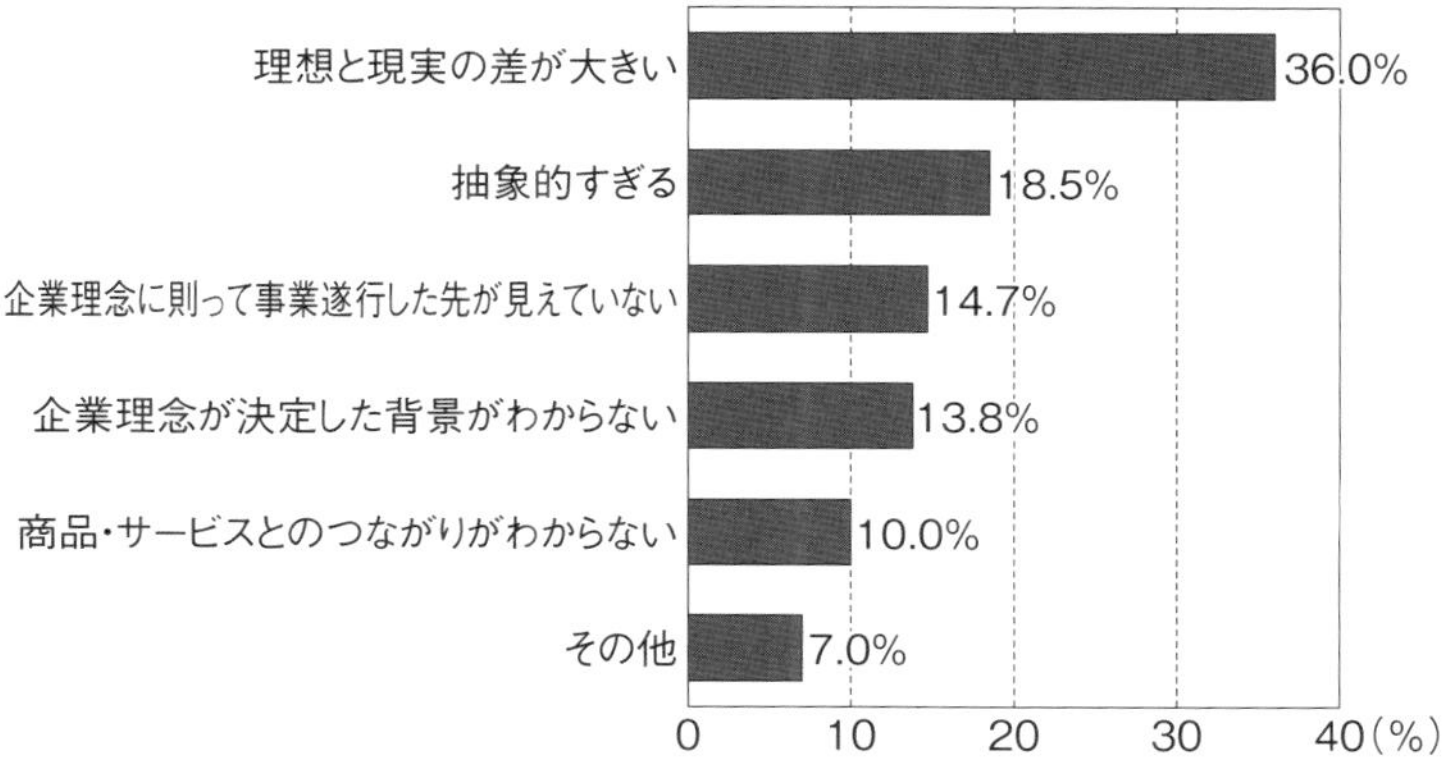

出所：エニワン「企業理念・ビジョンの浸透に関するアンケート」（2019年4月10日）

ービスとのつながりがわからない」といった声があがっている（図表5-9）。この背景には、理念に対する社内教育制度がない、あるいは経営者や上司が理念・ビジョンについて話をする機会がないといった周知不足の課題がある。経営理念を全社員と共有し、具体的な行動へつなげるには、理念が生まれた背景や文言の意味を正しく理解してもらうと同時に、具体的な行動への落とし込みについて、経営者や管理職層が自ら範を示す必要がある。

とはいえ、そもそも理念自体に〝追求する価値〟がなければ意味がない。米国の経営学者P・F・ドラッカーは、「リーダーが初めに行うべきは、自らの組織のミッションを考え抜き、定義すること」（『非営利組織の経営』ダイヤモンド社）であり、「焦点の定まった明確な使命がなければ、組織はただちに組織としての信頼性を失う」（『ポスト資本主義社会』同）と述べている。自社やチームが事業で追求すべき「使命」は何か、組織の行動に経営理念やビジョンが反映されているかを検証し、価値観の軸がぶれている場合はあらためて社内での理念・ビジョンの浸透を図る必要があろう。

おわりに

新型コロナウイルスがもたらした環境変化は、従来の日本的企業の終焉を私たちに突きつけた。これまでの働き方や環境、社員に求めていた役割・期待や能力だけでは、新しい時代で持続的に成長していくことの困難さが浮き彫りになった。その結果、社員の対面の機会を減らすためのリスクヘッジに始まり、企業の事業・収益モデルの変革による組織施策・人事施策が事業継続に直結するという戦略的機能の発揮を求められることとなった。

本書では、企業の持続的な成長を可能にする源泉として「人事」を捉え直し、人事機能をアップデート（更新）して〝戦略的な人事〟つまり「戦略人事」のあり方を提唱したが、本格的に機能させるには一朝一夕ではいかない。戦略人事を実現するには、自社の一〇年後の長期ビジョンを描き、「理念以外はすべて変える」くらい、本気で会社を変容させていく覚悟が必要だ。そもそも、その覚悟をもってしても、運用定着まで含めて少なくとも数年はかかると私は考えている。さらに、その間もテクノロジーの発達は速度を緩めることなく進む。通信技術の発達は、グローバル規模でさまざまな社会活動に破壊的な変容をもたらすと考えられており、経営をめぐる環境はますます流動的なものになるだろう。

戦略人事について、新型コロナウイルスの感染拡大を機に、従来の日本的組織の終焉と一定のゴールを示したが、そのゴールは今後も環境変化に合わせて変動していくことになるだろう。つまり、本書で示した新しい人事のあり方が、真のゴールではないということだ。一〇年後には、本書の内容も古いものと評価され、新しい人事・組織のあり方が示されているのかもしれない。

そう考えると、戦略人事の真のゴールは、これからも環境変化に常に対応しながらアップデートし続ける力、持続的成長を可能にする変容力の獲得ということになる。タナベ経営の創業者である田辺昇一は、「企業は環境適応業である」という言葉を遺した。環境変化に対して自らも適応する能力を持ったもの、持続的なアップデート力、それを実現できる組織力を持った企業が、真の競争優位性を発揮できるのである。同質的、固定的な組織特性を持っていた従来の日本的企業と、多様性を受容し、流動的な組織特性を持つ新しい時代に適応した企業とでは、どちらが環境適応業といえるか、その答えは明白である。

タナベ経営には「組織の本質は統一にあり」という考えがある。この〝本質〟は、従来の日本的組織の組織特性であった単純な同質化のことではないと私は理解している。では、何を統一するのか。それは価値判断基準である。

「わが社にとって、今、何が一番大切なのか」という価値判断における判断基準が統一されていてこそ組織であり、判断基準が統一されていなければ、それはただの集団である。今後は、これまでの「出社することが当たり前」という常識が変わっていき、それぞれの場所で、それぞれのライフスタイルに合わせた働き方で成果を上げることが求められるようになるだろう。出社して、同じ時を過ごし、共同体意識を醸成していくことで、同質性を高め、価値判断基準を暗黙知的に共有してきた従来の日本的組織は役割を終えた。これからは、経営者自らがトップメッセージとして明確な価値判断基準を示し、意図的に個々人へと落とし込まなければ、組織力を競争力の源泉に転換することはできない。価値判断基準が共有されたとき、働く個々人は今まで以上に自律的かつ流動的に働き、企業の目的に合致した動きができるようになる。

本書を通じて、一人でも多くの経営者、経営幹部、人事責任者の方々が、競争力の源泉として人事を捉え直し、戦略人事を実践し続けることで、常に自社の経済的価値と社会的価値を創造し続けられる組織力を獲得することを期待している。

最後に、出版の機会をいただき、ご尽力いただいたダイヤモンド社の花岡則夫編集長、小出康成氏、編集にご協力いただいたクロスロード安藤柾樹氏、装丁をご担当いただいた斉藤よしのぶ氏に厚くお礼を申し上げます。

古田勝久

［著者］
古田勝久（ふるた・かつひさ）
タナベ経営 経営コンサルティング本部 チーフコンサルタント
自動車部品メーカー、食品メーカーの人事部門にて採用・人材育成・人事労務に従事。タナベ経営入社後は、現場で培ったノウハウをもとに、経営的視点から人と組織にアプローチし、中堅・中小企業の成長を支援している。

「業績をつくる」人事へアップデートする
経営者のための『戦略人事』入門

2021年3月30日　第1刷発行

著　者——古田勝久
発行所——ダイヤモンド社
〒150-8409　東京都渋谷区神宮前6-12-17
https://www.diamond.co.jp/
電話／03·5778·7235（編集）　03·5778·7240（販売）
装丁————斉藤よしのぶ
編集協力——安藤柾樹（クロスロード）
製作進行——ダイヤモンド・グラフィック社
DTP　———インタラクティブ
印刷————加藤文明社
製本————ブックアート
編集担当——小出康成

ISBN 978-4-478-11178-9